Emil Schürer

Schleiermacher's Religionsbegriff

Und die philosophischen Voraussetzungen desselben

Emil Schürer

Schleiermacher's Religionsbegriff
Und die philosophischen Voraussetzungen desselben

ISBN/EAN: 9783743416796

Hergestellt in Europa, USA, Kanada, Australien, Japan

Cover: Foto ©Thomas Meinert / pixelio.de

Manufactured and distributed by brebook publishing software
(www.brebook.com)

Emil Schürer

Schleiermacher's Religionsbegriff

Ein neuer Versuch, Schleiermacher's Gedanken über das Wesen der Religion im Zusammenhange darzustellen, wird kaum der Rechtfertigung bedürfen. Wir sind ja, trotz vielfacher Verhandlungen über diesen Gegenstand, noch immer nicht so weit, auf allgemeines Einverständniss rechnen zu können nicht etwa in Betreff des Werthes oder Unwerthes der Schleiermacher'schen Sätze — denn darüber werden die Meinungen wohl immer getheilt bleiben —, sondern auch nur darüber, welches der wahre Sinn und die eigentliche Meinung dieser selbst sei. — Dazu kommt noch, dass uns erst in neuester Zeit eine wichtige Quelle für Kenntniss der Schleiermacher'schen Grundbegriffe eröffnet worden ist, nämlich seine Vorlesungen über Psychologie, welche George i. J. 1862 herausgegeben hat. Sie sind, soviel mir bekannt ist, bis jetzt noch gar nicht verwerthet worden; und doch sagt der Herausgeber mit Recht (S. XII), dass gerade die Psychologie geeignet sei, neben der Dialektik das hellste Licht über Schleiermacher's wissenschaftliche Grundanschauungen und über seinen Begriff von der Religion zu verbreiten. Auf eine gewissenhafte Benutzung dieser wird es daher vor allem ankommen. Ueberhaupt aber ist eine Darstellung von Schleiermacher's Religionsbegriff nicht möglich, ohne dass zuvor seine philosophischen Anschauungen wenigstens ihren wesentlichen Grundzügen nach gezeichnet werden. Denn so nachdrücklich er es auch in Abrede stellt, dass innerhalb der Glaubenslehre selbst von Philosophie irgendwie die Rede sei, so behandelt er doch die grundlegenden Paragraphen derselben — und so insonderheit auch das, was er dort über das Wesen der Religion sagt — nur als Lehnsätze aus philosophischen Disciplinen, aus der philosophischen Ethik, der Religionsphilosophie und der Apologetik. Diese „Lehnsätze" werden aber erst wahrhaft verständlich und erhalten ihr volles Licht erst dadurch, dass sie im Zusammenhange des Ganzen, aus dem sie genommen sind, betrachtet werden.

Grundlegend für Schleiermacher's ganze Begriffswelt ist der Gedanke, dass die Gesammtheit alles Seins sich spalte in den obersten Gegensatz des Idealen und Realen. Dieser Gegensatz von Idealem und Realem, oder, wie man ihn gewöhnlich nennt, von Geist und Natur, zieht sich ja durch die ganze Geschichte der neueren Philosophie hindurch. Fast in allen Systemen begegnen wir ihm — wenn auch in den verschiedensten Gestalten — wieder; nur mit dem Unterschiede, dass er entweder in aller Schärfe festgehalten, oder aber ganz geläugnet wird, oder dass endlich mit mehr oder weniger Erfolg eine Vermittelung desselben angestrebt wird. Schleiermacher nimmt ihn einfach als etwas selbstverständliches auf. Wir finden nicht, dass er irgendwo den Versuch macht, ihn zu erklären und als nothwendig zu deduciren [1]. Er führt ihn einfach ein als etwas, das keines Beweises bedarf. „Der höchste Gegensatz, unter dem uns alle andern begriffen vorschweben, ist der des dinglichen und geistigen Seins," so hören wir in der Einleitung zur Ethik [2]), ohne dass vorher oder nachher irgend etwas zur

---

[1]) Weissenborn, Vorlesungen über Schl.'s Dialektik und Dogmatik, I, S. LXVII.

[2]) Grundriss der philosophischen Ethik, herausgeg. von Twesten, 1841, S. 14 (§. 46).

Begründung dieses Satzes gethan würde. — Bei der nähern
Bestimmung des Gegensatzes scheint sich Schleiermacher hauptsächlich an Schelling angeschlossen zu haben. Es zeigt sich
dies schon in der Terminologie. Zwar ist gerade hier Schleiermacher sich nicht gleich geblieben; ja er vermeidet augen-
scheinlich eine feste, stabile Schulsprache. Er bezeichnet den
obersten Gegensatz bald als den von Idealem und Realem [1]),
bald als den von geistigem und dinglichem Sein [2]), welches
dann so erklärt wird, dass jenes das Sein als wissendes ist,
dieses das Sein als gewusstes; in den späteren Darstellungen
der Dialektik nennt er den obersten Gegensatz geradezu den
von Denken und Sein, oder von Subject und Object [3]) (d. h.
des Seins als Subjects und des Seins als Objects). Diese letztere
Begriffsbestimmung nun ist ohne Zweifel auf den Einfluss
Schelling's zurückzuführen. Noch deutlicher zeigt sich der
Einfluss Schelling's in der Art, wie die Gesammtheit des
Seins unter die beiden Glieder dieses Gegensatzes vertheilt wird.
Es soll nämlich das Sein nicht in der Weise in Ideales und Reales
zerfallen, dass gleichsam die eine Hälfte nur Ideales, die andere
nur Reales wäre [4]). Vielmehr soll Ideales und Reales überall
zusammen sein, so dass jedes einzelne Sein ein Ineinander von
Idealem und Realem ist, nur so, dass hier dieses, dort jenes
vorwiegt. Das Ineinander von Idealem und Realem mit dem
Uebergewicht des ersteren ist der Geist, mit dem Uebergewicht
des letzteren die Natur [5]). Der Gegensatz zwischen beiden ist
also nur ein quantitativer, daher auch nur relativer, fliessender.
Ganz ebenso bestimmt auch Schelling das Verhältniss von

---

[1]) z. B. Dialektik S. 75—77, 461 u. s. f.
[2]) Ethik, ed. Twesten, S. 14 f.
[3]) Dialektik S. 495, 499 f., 504,
[4]) Dialektik S. 245 (§. 290, 1).
[5]) s. z. B. Dialektik S. 310, 311. vgl. auch S. 149.

Geist und Natur. Auch ihm ist der Geist die Einheit des Subjectiven und Objectiven mit vorwiegender Subjectivität, die Natur dagegen die Einheit des Subjectiven und Objectiven mit vorwiegender Objectivität. — Diese eigenthümliche Bestimmung des Gegensatzes als eines bloss quantitativen ist übrigens für Schl.'s Denken charakteristisch. Wir werden dieser Betrachtungsweise im Folgenden noch öfters begegnen. Denn ganz nach demselben Schema, nach welchem hier jener oberste Gegensatz construirt wird, werden auch alle andern construirt, die sich unter jenen höchsten subsumiren lassen. Ja Schleiermacher stellt es in der Dialektik — und zwar da, wo er von der Theorie der Begriffsbildung auf dem Wege der Deduction spricht — geradezu als Grundsatz auf, dass alle Gegensätze nur dadurch gebildet werden dürfen, dass auf jeder Seite des Gegensatzes beide Glieder desselben gesetzt werden, nur aber mit dem Uebergewicht hier des einen, dort des andern[1]); ausserdem, sagt er, würde die Einheit des Seins verloren gehen. — Alles Sein also ist eine Einheit von Idealem und Realem, nur jenachdem das eine oder andere vorwiegt, ist es entweder Geist oder Natur. Natürlich kann man nun aber, da es sich nur um ein Vorwiegen handelt, die Totalität des Seins sowohl als Geist, als auch als Natur ansehen, weil nämlich dieselbe eine Reihe bildet, an deren einem Ende das Maximum des Realen nebst Minimum des Idealen steht, während am andern umgekehrt das Maximum des Idealen nebst Minimum des Realen sich befindet. Betrachtet man nun das Sein als Geist, so nimmt die unterste Stufe dasjenige Sein ein, in welchem das Reale ein Maximum, das Ideale ein Minimum ist, die oberste dagegen dasjenige, in welchem das Reale ein Minimum, das Ideale ein Maximum ist. Betrachtet man es dagegen als Natur, so ist die Sache umgekehrt.

---

[1]) Dialektik S. 244 ff. (§. 290); vgl. Ethik S. 12 (§. 38). Weissenborn I, 79—85. Schaller, Vorlesungen über Schl., S. 169—177.

Alles Sein ist also sowohl Geist, als auch Natur. Es kommt nur darauf an, unter welchem Gesichtspunkt man es betraohtet[1]).

— Wenn bei diesen Auseinandersetzungen Schleiermacher den höchsten Gegensatz bald den von Denken und Sein oder von Subject und Object nennt, bald wieder den von idealem und realem oder von geistigem und dinglichem Sein, so könnte es scheinen, als ob die beiden Glieder des letzteren Gegensatzes (welche ja beide ein Sein bezeichnen) nur die eine Seite des ersteren (von Denken und Sein) bildeten, und man könnte versucht sein, aus der Verschiedenheit der Begriffsbestimmung auf eine Verschiedenheit der Anschauung zu schliessen. Allein dies wäre doch entschieden unrichtig. Denn wenn das einemal der Gegensatz als der von Denken und Sein bezeichnet wird, so ist mit dem ersten Gliede eben das Sein als denkendes, mit dem andern das Sein als gedachtes gemeint. Er wird deshalb auch als der von Subject und Object bezeichnet. Ganz dasselbe aber will es sagen, wenn der Gegensatz als der des idealen und realen oder des geistigen und dinglichen Seins bezeichnet wird. Auch hier ist, wie die Ethik erklärend hinzufügt, nichts anderes gemeint, als das Sein als wissendes, und das Sein als gewusstes. Der Gegensatz des Idealen und Realen ist also eine Thatsache. Hiebei können wir uns aber nicht beruhigen. Blieben wir bei dem Gegensatz als solchem stehen, so wäre er „ein leeres Mysterium"[2]). Wir müssen ihn, um ihn zu erklären, zurückführen auf eine ihm zu Grunde liegende Einheit, „welche ihn und mit ihm alle zusammengesetzten Gegensätze aus sich entwickelt". Wir werden also, indem wir von dem Gegensatze des Idealen und Realen ausgingen, zu der Annahme einer ihm zu Grunde liegenden Einheit des Idealen und Realen

---

[1]) s. bes. Ethik S. 15 (§. 47).
[2]) Dial. S. 77 (§. 135).

geführt¹). Diese Einheit ist aber als absolute Einheit zu denken, d. h. als Identität. Wie jener oberste Gegensatz, so sind alle Gegensätze in ihr schlechthin aufgehoben. Sie ist die schlechthin gegensatzlose Einheit, die realo Negation aller Gegensätze ²), die reine abstracte μονάς. Diese Identität von Idealem und Realem, von Denken und Sein, von Subject und Object ist nun das, was man das Absolute oder Gott nennt; wogegen die Gesammtheit des unter dem Gegensatz befindlichen Seins „Welt" heisst. Jene ist der Grund und die Voraussetzung von dieser. Weil aber jene oberste Einheit die Identität des Denkens und Seins ist, darum kann sie nicht Gegenstand des Denkens sein. Sie bleibt „völlig hinter dem Vorhang," sie ist transcendental. Wir können nicht sagen, dass wir sie wissen, sondern wir setzen sie nur voraus zum Behuf des Wissens ³). — Es ist klar, dass dieser Schleiermacher'sche Gottesbegriff nichts anderes ist, als die Schelling'-sche Identität des Subjectiven und Objectiven. Wie Schelling das Räthsel des Gegensatzes von Idealem und Realem dadurch zu lösen suchte, dass er ihn zurückführte auf die ihm zu Grunde liegende Identität oder Indifferenz seiner beiden Glieder, ganz ebenso verfuhr auch Schleiermacher. Den Ausdruck „Indifferenz" gebraucht er zwar nicht. Allein der Sache nach hat er dasselbe. Es könnte hienach scheinen, als sei Schleiermacher ein treuer Anhänger der Identitätsphilosophie. Und doch würde man sehr irren, wollte man dies ohne weiteres annehmen. Zwar dies

---

¹) Dial. S. 77, 462, 500.
²) Dial. S. 162 (§. 219, 1).
³) Dial. S. 78. Mit dem Schleiermacher'schen Absoluten verhält sich also ebenso, wie mit dem Kant'schen „Ding an sich." Wir wissen nur, dass es ist; wir wissen aber schechthin nicht, was es ist. Jene Bestimmung des Absoluten als der Identität des Idealen und Realen giebt darum Schleiermacher ausdrücklich nicht für eine eigentliche Erkenntniss, für einen Begriff von Gott aus, sondern nur für ein „Schema."

begründet noch keinen Unterschied zwischen beiden, dass
Schelling die indifferente Einheit den Gegensätzen immanent
sein lässt, während Schleiermacher sie als transcendental bezeichnet [1]). Denn Schleiermacher nennt das Absolute ein tran-
scendentales nur in dem Sinne, wie auch Kant das „Ding an
sich" transcendental nennt, nämlich = jenseits unseres Wissens
liegend. Daneben kann aber sehr wohl das Absolute als den
Gegensätzen immanent gedacht werden. Und in der That thut
Schleiermacher dieses letztere. Denn er läugnet geradezu, dass
uns ein Sein Gottes ausser der Welt gegeben sei [2]). Hier findet
also keine wesentliche Verschiedenheit statt. Aber doch besteht
gerade in der Art, wie beide das Verhältniss der indifferenten
Einheit zu der differenten Vielheit, d. h. also das Verhältniss
von Gott und Welt, bestimmen, ein sehr wesentlicher Unterschied [3]). Schelling hält streng daran fest, dass das Absolute
die indifferente Einheit alles Seins ist. Ist aber das Absolute
die Einheit, welche alles Entgegengesetzte unter sich befasst,
so darf überhaupt nichts ausser demselben gesetzt werden.
Alles ist nur, sofern es im Absoluten ist. Da aber das
Absolute als indifferente Einheit bestimmt wurde, so kann es
natürlich die Gegensätze als solche nicht in sich haben, d. h.
den Gegensätzen kommt in Wahrheit gar nicht Realität zu. Bei
Schelling kommt hienach die Welt in ein ganz ähnliches Verhältniss zum Absoluten zu stehen, wie bei Spinoza. Wie
Spinoza die endlichen Dinge nur als *modi* der allumfassenden
und alles verschlingenden Substanz auffasst, so sind auch bei
Schelling die Gegensätze nur, sofern sie im Absoluten sind,
d. h. sofern sie als Gegensätze aufgehoben sind. „Die Schelling'-
sche Indifferenz fällt unmittelbar zusammen mit den Gegen-

---

[1]) vgl. Weissenborn I, 278 f.
[2]) Dial. S. 154—158 (§. 216).
[3]) vgl. Weissenborn I, 279—282.

sützen"[1]). Ganz anders steht die Sache bei Schleiermacher. Schleiermacher war viel zu sehr der Mann des Lebens und der Empirie, als dass er sich mit einem solchen Scheinleben hätte begnügen können. Er war viel zu sehr von Fichte beeinflusst, als dass er dem eigenen Ich nicht eine grössere Selbstständigkeit hätte wahren sollen. Er war endlich viel zu sehr von Kant beeinflusst, als dass er den von ihm statuirten Gegensatz, den Dualismus von Geist und Natur, nicht strenger hätte festhalten sollen. Indem er daher einerseits darauf bedacht ist, vermittelst des Absoluten die Einheit des Seins zu gewinnen, ist er andererseits ebenso darauf bedacht, die Realität des Gegensatzes und mit dieser die Realität der Welt festzuhalten. „Wer überhaupt die Anschauung des Lebens will, muss diese Duplicität wollen"[2]). Im Interesse der Wahrheit des Lebens steht er also ein für die Realität jenes obersten Gegensatzes und damit für die Realität der Welt überhaupt. Sollte aber die Welt als die Gesammtheit des unter dem Gegensatz befindlichen Seins real sein, so durfte sie natürlich nicht zusammenfallen mit dem Absoluten als der indifferenten Einheit alles Seins; denn die indifferente Einheit ist ja eben die Negation aller Gegensätze. Es kam also darauf an, Gott und Welt möglichst auseinanderzuhalten. Und in der That macht Schleiermacher alle Anstrengung hiezu. Das Absolute wird als die indifferente Einheit von der Welt als der Totalität des unter dem Gegensatz befindlichen Seins mit aller Schärfe unterschieden. Es soll der Welt zwar immanent, aber durchaus nicht mit ihr identisch sein[3]). — Eben hiemit aber war nun Schleiermacher in einen Widerspruch mit seiner ursprünglichen Tendenz gerathen[4]). Diese ging ja darauf, das Absolute

[1]) Schwarz, das Wesen der Religion, II, 96.
[2]) Dial. S. 77 (§. 134, 4).
[3]) Dial. S. 165 f., 433, 526.
[4]) Schaller S. 167. Weissenborn I, 282.

als die oberste, alles Sein in sich befassende Einheit zu denken.
Wenn aber jetzt die indifferente Einheit von der differenten
unterschieden wird, so ist eben erstere nicht, was sie sein
soll: die letzte und oberste Einheit. Nachdem einmal das
Absolute als Einheit alles Seins gefasst war, so blieb consequenter
Weise nichts anderes übrig, als die Welt in dieser Einheit auf-
gehen zu lassen. Letzteres will Schleiermacher entschieden
nicht. Aber doch hält er an jener Begriffsbestimmung fest.
Hiedurch musste in seinen Gottesbegriff und in seine Bestimmung
des Verhältnisses von Gott und Welt nothwendig jenes Schwan-
ken kommen, welches allen Darstellern seines Gedankenkreises
von jeher so grosse Schwierigkeiten bereitet hat. Es konnte
ihm nicht verborgen bleiben, dass, wenn er Gott als die oberste
Einheit denken will, er Gott und Welt einander nicht entgegen-
setzen darf. Daher verwahrt er sich auch sehr entschieden
dagegen, dass man Gott und Welt einander „entgegensetze" [1])
oder sie „von einander trenne" [2]). Er will nicht, dass Gott die
Welt gleichsam neben und ausser sich habe. Aber doch bemüht
er sich dann wieder, Gott und Welt möglichst auseinanderzuhalten. Beides aber lässt sich nicht vereinigen. Ist Gott die
Einheit alles Seins, so ist selbstverständlich in dieser Einheit
auch die Welt enthalten; sie kann also nicht *realiter* von ihm
verschieden sein. Und umgekehrt: sind Gott und Welt *realiter*
verschieden, so kann Gott nicht als Einheit alles Seins gedacht
werden. Da hilft es dann nichts, zu sagen, Gott sei ja als
indifferente Einheit gedacht worden; er sei also zwar sehr
bestimmt als Einheit alles Seins gedacht worden; aber eben
indem diese Einheit näher als indifferente bestimmt wurde,
seien doch die Begriffe Gott (= indifferente Einheit) und Welt
(= Totalität des entgegengesetzten Seins) klar und scharf aus.

[1]) Dial. S. 526.
[2]) Dial. S. 433.

einandergehalten worden. Diese Begriffsbestimmung wäre nur dann — und dann allerdings — haltbar, wenn die indifferente Einheit die Gegensätze als solche *realiter* in sich haben könnte. Allein eben dies ist eine *contradictio in adjecto*. Hat die Einheit die Gegensätze *realiter* in sich, so ist sie nicht mehr die indifferente. Und umgekehrt, ist die Einheit wirklich die indifferente, so sind die Gegensätze als solche aufgehoben, sie sind nicht mehr real. In beiden Fällen aber geht gerade das verloren, was mit dieser Begriffsbestimmung erreicht werden sollte: der reale Unterschied von Gott und Welt. Soll dieser wirklich erreicht werden, so muss vor allem jene Bestimmung des Absoluten als der obersten, alles Sein in sich befassenden Einheit aufgegeben werden.

Gehen wir nun von dieser Betrachtung des Verhältnisses Gottes und der Welt über zu der Betrachtung des Menschen. Wir sahen, dass die Gesammtheit des Seins sich spaltet in jenen obersten Gegensatz des Idealen und Realen; jedoch in der Weise, dass Ideales und Reales überall zusammen sind: das eine ist nie ohne das andere. Jedes einzelne Sein ist gleichsam eine Mischung dieser beiden Urelemente. So natürlich auch der Mensch. Auch er ist ein solches Ineinander von Idealem und Realem. Während aber die Natur ein Ineinander von Idealem und Realem mit dem Uebergewicht des letzteren, der Geist ein Ineinander von Idealem und Realem mit dem Uebergewicht des ersteren ist, so ist der Mensch beides zugleich. Er ist ebenso sehr Natur, als Geist; er ist ein Ineinander von Natur und Geist. Seine Natur nennen wir Leib, seinen Geist nennen wir Seele. Beide zusammen constituiren das Ich [1]). Es erhellt schon aus

---

diesen Erklärungen, dass zwischen „Geist" und „Seele" des
Menschen kein Unterschied gemacht wird. Beide Begriffe sind
vollkommen identisch. Man könnte höchstens sagen, sie ver-
halten sich, wie Allgemeines und Besonderes. Der allgemeine
Geist hat sein Dasein in einer Vielheit einzelner Erscheinungen.
Und eben eine solche einzelne Erscheinung des allgemeinen
Geistes, welche in Verbindung mit einem organischen Leibe ein
menschliches Einzelwesen oder ein Ich constituirt, nennen wir
Seele [1]). Daher gebraucht Schleiermacher auch die Ausdrücke
„Seele" und „Geist" vollkommen gleichbedeutend. Unter beiden
versteht er nichts anderes als das intellectuelle oder Denkver-
mögen. Denn der Geist ist ja eben die Einheit des wissenden
und gewussten Seins als wissendes [2]). Aus dieser Bestimmung
des menschlichen Geistes oder der menschlichen Seele als des
Denkvermögens erhellt auch, dass Schleiermacher nur ein einziges, nicht, wie häufig geschieht, mehrere, etwa zwei oder drei
Seelenvermögen statuirt [3]). Ja er warnt sogar ausdrücklich vor
jener Zerlegung der Seele in mehrere Vermögen, weil dadurch
die Einheit des Subjects aufgehoben werde [4]). Wenn man daher,
wie dies nicht selten geschieht [5]), es als Schleiermacher's Verdienst
rühmt, dass er ein von Vernunft und Wille verschiedenes,
specifisch-religiöses Organ des menschlichen Geistes aufgewiesen
habe, nämlich das Gefühl, so ist man von Schleiermacher's
wahrer Meinung weit entfernt. Nirgends hat er das Gefühl für
ein Organ oder Vermögen des menschlichen Geistes erklärt;

unter immer die menschliche zu verstehen sei; wobei ganz unentschieden
gelassen wird, wie sich hiezu das verhalte, was man bei den Thieren Seele
zu nennen pflegt.
[1]) Psychol. S. 30, 31.
[2]) Ethik, ed. Twesten, §. 47.
[3]) vgl. Thilo, die Wissenschaftlichkeit der modernen spekulativen Theologie u. s. w., S. 56.
[4]) Psychol. S. 60, 61, 419, 513.
[5]) s. z. B. Schenkel, Dogmatik, I, 107, 110, 130.

er kennt überhaupt nur ein einziges Geistesvermögen, das
intellectuelle.

An Stelle der gewöhnlich angenommenen Zwei- oder Dreizahl
menschlicher Geistesvermögen tritt bei ihm eine Mehrheit
von Thätigkeiten oder Functionen der Seele; oder sagen
wir lieber Functionen des Ichs, dieser Einheit von Leib und
Seele. Denn an jedem einzelnen Momente menschlicher Thätigkeit ist das ganze Ich, sowohl seinem Leibe, als seinem Geiste
nach, betheiligt. Es ist also auch in jedem Momente geistiger
Thätigkeit immer ein, wenn auch noch so geringes, Mass leib-
licher Thätigkeit mitgesetzt, und umgekehrt. Weder die eine
noch die andere ist in irgend einem Momente gleich Null. Denn
wäre dies der Fall, so würde dadurch die Einheit und Continuität
des Lebens aufgehoben. Nur die Mischung beider Elemente
ist in den verschiedenen Momenten eine verschiedene. Und die
einzelnen Momente unterscheiden sich nur dadurch von einander,
dass in den einen das geistige (intellectuelle, psychische) vorwiegt, in den andern dagegen das leibliche (organische, physische).
Will man daher die geistigen Thätigkeiten des Menschen vollständig und richtig betrachten, so bleibt nichts anderes übrig,
als sämmtliche Lebensmomente in Betrachtung zu ziehen, da
ja in keinem derselben das geistige gleich Null gesetzt ist [1]).

Es frägt sich nun zunächst, wie und nach welchem Princip
wir die Gesammtheit dieser Thätigkeiten, die wir also im Interesse
des darin enthaltenen geistigen betrachten, einzutheilen haben.
Ein Eintheilungsgrund wird sich uns ergeben, wenn wir bedenken, dass das Ich nie allein oder für sich ist, sondern stets
zusammen mit dem Ausser-ihm. Es wäre gar nicht das, was es
ist, wenn es nicht zusammen wäre mit dem Ausser-ihm. Es
befindet sich also in stetem Zusammenhange, in steter Beziehung

---

[1]) vgl. bes. Psychologie S. 31—33, 409.

zum Ausser-ihm, und jeder Moment des Lebens ist nichts anderes, als das Resultat aus dem Zusammensein des Ichs mit dem Ausser-ihm [1]). Dieses Zusammensein des Ichs mit dem Ausser-ihm ist nun aber in den verschiedenen Momenten ein verschiedenes; und daraus entwickeln sich dann verschiedene Thätigkeiten oder Funktionen des Ichs. Die Verschiedenheit des Zusammenseins des Ichs mit dem Ausser-ihm hat nämlich ihren Grund darin, dass die Art und Weise, auf welche dieses Zusammensein zu Stande kommt, eine verschiedene ist. Es kann, so zu sagen, die Initiative dazu entweder ausgehen von dem äusseren Sein, indem dieses eine Einwirkung auf das Ich ausübt, wogegen dann letzteres reagirt. Oder es kann umgekehrt die Thätigkeit des Ichs das erste sein, indem dieses eine Einwirkung auf das äussere Sein ausübt, welche sich dann gleichsam an dem Widerstande des letzteren bricht. Im ersteren Falle geht also das äussere Sein ein in das Ich und bringt dort eine Veränderung hervor; im letzteren Falle geht das Ich ein in das äussere Sein und bringt dort eine Veränderung hervor. Im ersteren Falle überwiegt die Thätigkeit des äusseren Seins, und die Thätigkeit des Ichs besteht nur darin, dass es sich gegen dieses Eindringenwollen des Aeusseren selbst erhält. Im andern Falle überwiegt die Thätigkeit des Ichs, und die Thätigkeit des äusseren Seins besteht ebenso nur in einem dem Ich entgegengesetzten Widerstande. Im ersteren Falle geht — vom Standpunkte des Ichs angesehen — der Weg von aussen nach innen, im letzteren dagegen von innen nach aussen. Ersteres können wir daher die aufnehmenden Thätigkeiten des Ichs nennen, letzteres die ausströmenden [2]). An einer jeden derselben ist, wie wir schon bemerkten, das ganze Ich, seinem Leibe und seinem Geiste nach, betheiligt, so dass jede ein Ineinander von

---

[1]) Psychol. S. 63, 68. Dogmatik §. 4, 1.
[2]) Psychol. S. 63—65.

organischer und intellectueller Thätigkeit ist, nur mit dem Unterschiede, dass bald die eine, bald die andere vorwiegt. Da nun aber jede Berührung des Ichs mit dem Ausser-ihm nur vermittelst des leiblichen Organismus sich vollziehen kann [1]), so folgt natürlich, dass bei den aufnehmenden Thätigkeiten die organische Function die erste ist, an welche sich dann erst die intellectuelle anschliesst; bei den ausströmenden dagegen die intellectuelle die erste, welche dann erst vermittelst der organischen zu ihrem Abschluss gelangt. Unser Satz, dass jede Thätigkeit des Ichs ein Ineinander von organischer und intellectueller Thätigkeit sei, ist daher dahin näher zu bestimmen, dass diese beiden Momente in den aufnehmenden und ausströmenden Thätigkeiten je in umgekehrter Ordnung zusammen sind.

Es haben sich uns mit dem Bisherigen zwei Reihen von Thätigkeiten des Ichs ergeben. Eine jede derselben spaltet sich aber sofort wiederum in zwei. Es kann nämlich 1) bei den Einwirkungen des äussern Seins auf uns das Resultat ein doppeltes sein. Es kann entweder die in uns hervorgebrachte Veränderung mehr zurücktreten, so dass der betreffende Moment mehr den auf uns einwirkenden Gegenstand repräsentirt. Dadurch entsteht eine Wahrnehmung. Oder es kann der einwirkende Gegenstand mehr zurücktreten, so dass der betreffende Moment mehr die in uns hervorgebrachte Veränderung repräsentirt. Auf diese Weise entstehen Empfindungen oder Gefühle [2]). Es kann aber auch 2) bei den Einwirkungen des Ichs auf das Ausser-ihm bald mehr die ausströmende Thätigkeit als solche, d. h. also das Heraustreten des Ichs aus sich selbst, in den Vordergrund treten. Dies ist dann die darstellende Thätigkeit. Oder es kann

---

[1]) Psychol. S. 75.
[2]) Psychol. S. 70—72, 419. vgl. „Reden" (neuere Ausgabe) S. 50: „der Gegenstand, wieder losgerissen vom Sinn, wird Euch zur Anschauung, und Ihr selbst, wieder losgerissen vom Gegenstand, werdet Euch zum Gefühl."

mehr die durch die Thätigkeit des Ichs bewirkte Veränderung
der Dinge hervortreten. Dies können wir die wirksame Thätigkeit nennen [1]). Auf diese Weise erhalten wir also 4, oder
richtiger 2 × 2 Thätigkeiten oder Functionen des Ichs. Die
Gesammtheit dieser Thätigkeiten constituirt den zeitlichen Ver-
lauf des Lebens. Denn das ganze Leben ist nichts anderes, als
ein beständiges Uebergehen aus der einen Thätigkeit in die
andere, eine fortwährende Ablösung der einen durch die andere,
ein ewiger Kreislauf von Aufnehmen und Ausströmen, von
Receptivität und Spontaneität. Dieser Wechsel ist jedoch nicht
so zu denken, als ob die eine Thätigkeit erst vollständig ver-
schwinden müsste, damit die andere ins Leben treten könne.
Im Gegentheil, wir müssen annehmen, dass in jedem Momente
alle Thätigkeiten, wenn auch nur im Minimum, beisammen sind,
und dass die einzelnen Momente sich nur dadurch von einander
unterscheiden, dass immer eine dieser Thätigkeiten einen Moment
vorwiegend einnimmt, während die andern nur begleitend neben-
hergehen. Es scheint zwar zuweilen, als ob eine dieser Thätigkeiten ausschliesslich einen Moment ausfülle. Allein eine ge-
nauere Betrachtung wird doch immer auf ein Latitiren auch
der andern Thätigkeiten führen. Daher dürfen wir uns jenen
Wechsel der Thätigkeiten nicht als alternirendes Sein und Nicht-
sein, sondern nur als alternirendes Dominiron und Begleiten
der verschiedenen Thätigkeiten denken [2]).

Eine jede dieser Thätigkeiten kommt, wie wir sahen, nur
zu Stande durch Berührung des Ichs mit dem Ausser-ihm,
indem das Ich entweder das äussere Sein in sich aufnimmt, oder

---

[1]) Psychol. S. 70—74, 419, 503 f.
[2]) Psychol. S. 55 f., 74, 500, 533. vgl. Dial. S. 429. Diese Bestimmung
ist von grundlegender Bedeutung für die Dogmatik. Denn sie bildet die
unerlässliche Voraussetzung für die in der Dogmatik (§. 5, 6) aufgestellte
Forderung der Stetigkeit des frommen Gefühls.

indem es Einwirkungen auf dasselbe ausübt. Freilich giebt es
nun aber Thätigkeiten, in welchen gar keine Berührung zwischen
dem Ich und dem Ausser-ihm stattzufinden scheint, welche also
rein immanente Acte des Subjects, ganz abgesehen von seinem
Zusammenhange mit dem Ausser-ihm, zu sein scheinen. Namentlich wird man geneigt sein, von den Acten des reinen Denkens
dies zu behaupten. Allein es ist leicht zu zeigen, dass selbst
hier eine Berührung des Ichs mit dem Ausser-ihm stattfindet.
Denn fürs erste ist jedes Denken, auch dasjenige, welches wir
im Unterschiede vom empirischen das spekulative nennen, ein
Ineinander von organischer und intellectueller Thätigkeit. Die
intellectuelle Thätigkeit rein als solche ist kein Denken. Sie
liefert nur ein leeres Schema, eine todte Form. Soll diese Form
lebendig sein, soll sie in Beziehung stehen zum Sein, d. h. soll
sie überhaupt wirkliches Denken sein — welches doch immer ein
Denken von etwas ist —, so muss mit der intellectuellen Thätigkeit immer auch ein gewisses Mass von organischer, d. h. eben
von Aussen.aufnehmender Thätigkeit verbunden sein [1]). Schon
hiemit haben wir also eine Berührung zwischen dem Ich und dem
Ausser-ihm. Sie findet aber auch noch in einer andern Beziehung
statt. Jedes Denken ist nämlich ein inneres Sprechen. Das
Sprechen hat aber immer schon die Tendenz auf Mittheilung in
sich, so dass also ein solcher rein innerer Denkact erst dann zu
seinem Abschlusse kommt, wenn er in Mittheilung übergeht.
Findet eine solche Mittheilung nicht statt, so ist der Act nicht
wirklich vollendet, sondern abgebrochen. Vollendet ist er erst
dann, wenn die Mittheilung wirklich stattgefunden hat. So
angesehen kann also das reine Denken immer schon als Anfang
einer ausströmenden Thätigkeit gedacht werden [2]). Es lässt sich

---

[1]) Dial. S. 55—64 (bes. §. 107, 109, 118, 119). vgl. auch Psychol. S. 168 f.
409. Das Nähere s. weiter unten.
[2]) Psychol. S. 66—70, 74 f., 161—170.

also selbst in den Acten des reinen Denkens eine Berührung
zwischen dem Ich und dem Ausser-ihm nachweisen; und wir
bleiben bei unserm Satze, dass in jeder einzelnen Thätigkeit des
Ichs eine Berührung desselben mit dem Ausser-ihm stattfindet.
Betrachten wir nun die aufnehmenden Thätigkeiten etwas
genauer. Sie beruhen, wie wir sahen, auf einer Einwirkung des
äussern Seins auf das Ich. Eine solche Einwirkung kann aber
zunächst und unmittelbar nur gehen auf den leiblichen Organismus. Dieser ist — so zu sagen — der einzige Angriffspunkt,
welchen das Ich dem äussern Sein darbietet. Daher ist, wie wir
schon bemerkten, in allen aufnehmenden Thätigkeiten die
organische Function das erste, die intellectuelle erst das zweite
Moment. Es frägt sich nun, auf welche Weise sich aus einer
solchen Affection unseres physischen Organismus einerseits eine
Wahrnehmung und andererseits ein Gefühl entwickeln kann
(denn dies sind die beiden Arten der aufnehmenden Thätigkeit,
welche wir unterschieden)[1]. Wir werden die Sache nicht so
ansehen dürfen, als ob gewisse Sinnesorgane nur der Wahrnehmung dienten, andere nur dem Gefühl. Die Erfahrung zeigt
uns vielmehr, dass aus ein und derselben sinnlichen Affection
sich sowohl eine Wahrnehmung als ein Gefühl entwickeln kann.
Woher nun bei der Identität der sinnlichen Affection jenes zwie-
fältige Resultat? Eine genaue Beobachtung des Processes, vermittelst dessen eine Wahrnehmung zu Stande kommt, wird uns
darauf führen, dass eine Wahrnehmung erst durch Combination
verschiedener Sinnesthätigkeiten entsteht. Das Sehen z. B. zeigt
ursprünglich nur verschiedene Farbeneindrücke auf einer Fläche.
Wenn wir dagegen den Gegenstand, welcher diesen Eindruck in
uns hervorgebracht hat, auch betasten, und nun die Affection
unserer Sehorgane und die Affection unserer Tastorgane mit

---

[1] vgl. zum Folgenden Psychol. S. 80—83.

einander combiniren, und sie auf denselben Gegenstand
beziehen (dies ist das intellectuelle Moment, welches hiebei
im Spiele ist), so entsteht dadurch eine Wahrnehmung. Findet
dagegen eine solche Combination nicht statt, so tritt der betreffende Gegenstand überhaupt nicht als Object vor uns hin,
und es macht sich mehr die durch denselben bewirkte Veränderung
unseres Zustandes bemerklich, d. h. es entsteht eine Empfindung
oder ein Gefühl. Bei dem Wahrnehmen ist also das Resultat
dies, dass wir eine Affection gewisser Organe auf ein Ausser- uns
als dasjenige, woher sie ist, beziehen, und also einen Gegenstand,
der auf uns einwirkt, setzen. Dieselbe physische Affection ist
aber auch eine in uns hervorgebrachte Veränderung, und wenn
das Resultat mehr diese Veränderung repräsentirt, so ist sie eine
Empfindung oder ein Gefühlszustand [1]. Der Unterschied zwischen Wahrnehmung und Empfindung entwickelt sich also erst
durch Hinzutritt der combinatorischen, intellectuellen Thätigkeit
zu der physischen Affection. Aus einer und derselben Affection
kann sich sowohl eine Wahrnehmung, als ein Gefühl entwickeln.
Doch werden wir allerdings zwischen den verschiedenen Sinnes-
organen den Unterschied machen können, dass aus den einen
sich leichter eine Wahrnehmung entwickelt, aus den andern
leichter ein Gefühl. Und zwar wird der Unterschied der sein,
dass aus der Thätigkeit der fünf speciellen Sinne in der Regel
sich Wahrnehmungen entwickeln, wogegen aus demjenigen, was
wir im Unterschiede hievon den allgemeinen oder Hautsinn
nennen können, — nämlich der Fähigkeit unserer ganzen
Leibesoberfläche, afficirt zu werden — leichter Empfindungen
entstehen [2].

Bei der Wahrnehmung tritt also der Gegenstand vor uns
hin. Sie ist objectives, gegenständliches Bewusstsein,

---

[1] Psychol. S. 71.
[2] Psychol. S. 88.

Bewusstsein von etwas. Sie beruht zwar ursprünglich auf einer Affection des Ichs durch das Ausser-ihm, welche wir als ein Eins-sein des Ichs mit dem Ausser-ihm bezeichnen können. Allein eine Wahrnehmung wird sie doch erst dadurch, dass der Gegenstand sich wieder loslöst von dem Ich und als Object ihm als dem Subjecte gegenübertritt. Und da dieses Auseinandertreten von Subject und Object bedingt ist durch die reflectirende Thätigkeit des Ichs, so ist jedes objective Bewusstsein näher reflectirtes Bewusstsein.

Ganz anders verhält sichs mit der Empfindung oder dem Gefühle. Das Gefühl ist wesentlich subjectives Bewusstsein oder Selbstbewusstsein, und zwar unmittelbares Selbstbewusstsein [1]. — Mit dieser Bestimmung des Gefühls als des unmittelbaren Selbstbewusstseins haben wir nun im Wesentlichen schon alles dasjenige, was die charakteristische Eigenthümlichkeit der Schleiermacher'schen Lehre vom Gefühl ausmacht [2]. Was damit gesagt sein soll, ist zunächst dies, dass jedes Gefühl, also auch das sinnliche, ein bewusster Zustand ist. Das sinnliche Gefühl ist freilich zunächst nur eine Affection des physischen Organismus. Allein wegen der innigen Verbindung von Leib und Seele ist es eben damit eine Affection des Ichs überhaupt, dieser Einheit von Leib und Seele. Und da das Ich, so gewiss es ein Ich ist, ein bewusstes ist, so ist ein solches Afficirt-sein desselben immer ein bewusster Zustand. „Nimmt also jemand den Ausdruck Gefühl in einem so weiten Sinne, dass er auch bewusstlose Zustände darunter begreift: so soll er erinnert sein, dass von dieser Gebrauchsweise hier zu abstrahiren ist" [3]. —

---

[1] Psychol. S. 70, 87, 503. Dial. S. 429. Dogmatik §. 3.

[2] Wir haben es zwar hier zunächst nur mit dem sinnlichen Gefühl zu thun. Allein gerade an diesem lässt sich der allgemeine Begriff des Gefühls am leichtesten erkennen. Was hier von dem sinnlichen Gefühl gesagt ist, gilt dann *mutatis mutandis* auch von den höhern Stufen desselben.

[3] Dogmatik §. 3, 2.

Das Gefühl ist aber näher Selbstbewusstsein. Nämlich eins von beiden ist immer jene Affection unseres physischen Organismus: entweder eine Förderung oder eine Hemmung unseres Lebens. Daher ist das Gefühl immer Gefühl der Lebensförderung (Lust), oder Gefühl der Lebenshemmung (Unlust) [1]); in beiden Fällen aber Selbstgefühl, Selbstbewusstsein. Ein Gefühl von etwas anderem giebt es gar nicht. Wir fühlen immer nur uns selbst, nämlich uns selbst als so und so bestimmte. Gerade dies ist ja im Unterschied vom objectiven Bewusstsein das Eigenthümliche des Gefühls, dass der Gegenstand nicht als Object vor uns hintritt, sondern nur einen Eindruck in uns zurücklässt, welcher ein so und so bestimmtes Selbstbewusstsein zum Resultate hat [2]). — Endlich aber ist das Gefühl ein unmittelbares Bewusstsein, nämlich ein schlechthin nicht reflectirtes [3]). Und diese beiden Bestimmungen, dass es Selbstbewusstsein ist, und dass es unmittelbares Bewusstsein ist, hängen aufs Innigste mit einander zusammen. Eben deshalb, weil es nicht Bewusstsein um irgend ein Ausser-uns ist, kann es unmittelbares Bewusstsein sein. Das Bewusstsein um ein Ausser-uns ist immer ein reflectirtes; das Selbstbewusstsein dagegen kann ein unmittelbares sein. Es giebt zwar auch ein reflectirtes Selbstbewusstsein; wenn nämlich das Ich sich selbst zum Object seines Denkens macht. Allein hier hat ja das Ich seinen Gegenstand, der nur diesmal es selbst ist, ebenfalls ausser sich. Es gehört also auch in jene Kategorie des objectiven oder gegenständlichen Bewusstseins. Das Selbstbewusstsein aber, was wir meinen, ist im eigentlichsten Sinne unmittelbares Bewusstsein, ein unmittelbares Innewerden unserer selbst als so und so

---

1) Psychol. S. 89, 429, 506. Dogmatik §. 5, 4.
2) Psychol. S. 421: „Das reinste Gefühl ist das vollkommenste Vergessen des einwirkenden Gegenstandes".
3) vgl. zum Folgenden bes. Dogm. §. 3, 2.

bestimmter. Es ist ein solches Bewusstsein, welches von seinem Gegenstande gar nicht verschieden ist. Der Zustand des Afficirtseins und das Innewerden dieses Zustandes ist wesentlich eins und dasselbe [1]). Das Gefühl ist selbst gar nichts anderes, als ein gewisser Zustand des Ichs, welcher durch Einwirkung eines äusseren Seins in dem Ich hervorgerufen wird. Es entsteht in ihm — unmittelbar, gleichsam mit einem Schlage; jede Vermittelung, jede Reflexion ist hier schlechthin ausgeschlossen [2]).— Wenn übrigens vorhin gesagt wurde, dass das Gefühl niemals Bewusstsein um ein anderes, sondern immer nur Bewusstsein unsrer selbst sei, so muss nun doch noch daran erinnert werden, dass ja die Affection des Ichs durch einen Gegenstand als eigentliches Eins-sein des Ichs mit dem Gegenstande gefasst werden kann [3]), so dass wir, indem wir im Gefühle uns selbst haben, eben damit zugleich auch den Gegenstand haben und innewerden. Insofern kann man also allerdings sagen, dass wir im Gefühl nicht nur uns selbst, sondern auch ein anderes haben und fühlen. Allein dieses andere ist unserem Bewusstsein schlechthin nicht gegenständlich. Es ist in uns und ist eins mit uns, und zwar auf unmittelbare Weise. Darum werden wir, indem wir uns selbst innewerden, eben damit zugleich auch den Gegenstand inne, der in uns ist. Allein eben wie wir selbst uns schlechthin nicht gegenständlich sind, so ist auch dieses andere uns nicht gegenständlich. Vielmehr sind Subject und Object im Gefühle schlechthin eins. — Noch ein Punkt von Wichtigkeit muss hier in Kürze besprochen werden, nämlich die Frage nach der Irrthumsfähigkeit des Gefühls. Das Gefühl als solches

---

[1]) Psychol. S. 93, 95.
[2]) Dogmatik §. 3, 3: „Es wird nicht von dem Subject bewirkt, sondern kommt nur in dem Subject zu Stande".
[3]) Dial. S. 152: „Im Gefühl ist die absolute Einheit des idealen und realen wirklich vollzogen".

ist absolut irrthumslos ¹). Ein Irrthum entsteht erst durch die hinzutretende Reflexion. Dass wir z. B. uns erwärmt fühlen, dies ist ein Zustand, in Betreff dessen ein Irrthum gar nicht möglich ist. Sobald aber über diesen Zustand reflectirt wird, ist Irrthum möglich, z. B. im Betreff des Woher dieser Affection u. s. w. Freilich darf hiebei nicht übersehen werden, dass die Reflexion schon beginnt mit der Uebersetzung des Gefühlszustandes in die Sprache.

Wir haben bisher die aufnehmenden Thätigkeiten nur als vorwiegend organische, sinnliche betrachtet. Es kann nun aber das sinnliche Moment auch zurücktreten und das intellectuelle, psychische mehr hervor. Es kann also 1) auf Seiten des objectiven Bewusstseins das intellectuelle Moment mehr hervortreten. Dies ist dann das eigentliche Denken, welches wiederum von zwiefacher Art sein kann, jenachdem nämlich das Mass von organischer Thätigkeit, welches immer darin mitgesetzt ist, grösser oder geringer ist. Im ersteren Falle ist es das empirisch-reflectirende Denken, welches sich an einen gegebenen Gegenstand anschliesst; im andern ist es das eigentlich spekulative Denken, in welchem die organische Thätigkeit nur ein Minimum ist. Das spekulative Denken ist nämlich ein freies Combiniren und Construiren, und insofern rein intellectuelle Thätigkeit. Es ist aber dabei gebunden an die Sprache, und zwar muss es die einzelnen Sprachelemente (Begriffe, Worte) so aufnehmen, wie sie im Gefolge der Wahrnehmung und als deren Product ursprünglich entstanden sind. Die intellectuelle Function allein würde nur ein leeres Schema liefern, ein System von Einheit und Vielheit ohne lebendigen Inhalt. Soll das System, welches vermittelst des spekulativen Denkens construirt wird, nicht eine solche todte Formel, sondern ein System von concreten, realen

---

¹) Psychol. S. 92 ff., 427 f.

Begriffen sein, so muss die combinatorische intellectuelle Thätigkeit die Begriffe so aufnehmen, wie sie sich aus der Wahrnehmung
ursprünglich entwickelt haben. Und dies ist eben jenes im
spekulativen Denken immer mitgesetzte organische Moment,
wodurch dasselbe erst seine Lebendigkeit und seinen concreten
Inhalt erhält ¹). — Aus dem Bisherigen ergiebt sich auch, dass
das empirisch-reflectirende Denken in der Mitte steht zwischen
der sinnlichen Wahrnehmung und dem spekulativen Denken. —
In jener ist das intellectuelle Moment ein Minimum, in diesem
das organische.

Es kann nun 2) auch auf Seiten des subjectiven Bewusstseins oder des Gefühls das intellectuelle Moment vorwiegen,
d. h. es kann die Affection des Ichs, welche wir bisher nur als
eine vorwiegend physische betrachtet haben, ebensowohl auch
eine vorwiegend psychische sein ²). Das Ich ist ja ein Ineinander von Natur und Geist. Es lebt nicht nur ein leibliches
Leben, sondern auch ein geistiges. Daher kann auch sein geistiges
Leben ebenso wie das leibliche eine Hemmung oder Förderung
erfahren. Es kann nach seiner psychischen Seite ebenso wie
nach seiner physischen afficirt werden. Es giebt also nicht nur
physische, sondern auch psychische Gefühlszustände. — Auf
dieser höheren Stufe der Gefühle unterscheidet Schleiermacher
zwei Arten, nämlich a) die geselligen, welche dem Ich aus
seiner Beziehung zur menschlichen Gesellschaft erwachsen (wie
z. B. das Gefühl des Mitleids u. dgl.), und b) die Gefühle des
Wohlgefallens nebst denen des Missfallens, wozu auch diejenigen Gefühlszustände gehören, welche durch das Erhabene
in uns erregt werden. Es ist nicht ganz klar, ob Schleiermacher
damit sämmtliche Gefühle dieser höheren Stufe classificirt zu
haben meint, oder ob er diese beiden Arten nur als besonders

¹) Psychol. S. 168 f., 409. Dial. S. 55—64.
²) Psychol. S. 203. vgl. zum Folgenden überhaupt Psychol. S. 182—211.

häufige beispielsweise aufführt. Doch spricht für erstere Annahme der Umstand, dass er auch in den „Reden" solche Gefühle,
welche durch unser Verhältniss zur Menschheit, und solche,
welche durch unser Verhältniss zur Natur erregt werden, unterscheidet [1]. — Da übrigens auf diese ganze Classe von Gefühlen
auch alles dasjenige seine Anwendung findet, was wir schon
oben bei den sinnlichen Gefühlen bemerkten, so brauchen wir
hiebei nicht länger zu verweilen, und gehen über zu den ausströmenden Thätigkeiten, um auch diese noch in Kürze zu be-
sprechen.

Unter ausströmenden Thätigkeiten verstanden wir solche,
welche ihren Ursprung im Ich haben, indem dieses aus sich
herausgeht und eine Einwirkung ausübt auf das ihm äussere
Sein. Wie alle Thätigkeiten des Ichs, so sind auch sie ein
Ineinander von organischer und intellectueller Thätigkeit. Doch
unterscheiden sich eben die ausströmenden dadurch von den
aufnehmenden, dass in ersteren das intellectuelle Moment das
erste ist, das organische aber das zweite, während in letzteren
das Verhältniss beider das umgekehrte ist [2]. Die ausströmenden
Thätigkeiten nehmen also ihren Anfang mit einer Denkthätig-
keit, mit einem Denken, und sie vollenden sich damit, dass
diesem Denken entsprechend ein Sein gesetzt wird. Dieses
Denken, welches auf ein Setzen oder Thun als Zweck gerichtet
ist, nennen wir das Wollen. Vergleichen wir dasselbe mit
derjenigen Seite der aufnehmenden Thätigkeit, welche wir das
objective Bewusstsein oder das Wissen genannt haben, so
sehen wir, dass das Verhältniss von Denken und Sein in beiden
das umgekehrte ist. Im Wissen ist das Sein activ, das Denken
passiv, im Wollen ist das Denken activ, das Sein passiv (Dial.

---

[1] Reden, S. 75—97 (der neueren Ausgabe).
[2] vgl. zum Folgenden Dial. S. 148, 425 und bes. S. 517—519. Schaller,
Vorlesungen, S. 154 f. Weissenborn I, 139—150.

S: 619). Das Wollen ist also vom Wissen an sich nicht verschieden. Beides ist die eine und selbe intellectuelle Thätigkeit. Nur das Verhältniss derselben zum Sein ist in beiden ein verschiedenes. Das Wissen ist ein Denken, welches einem Sein entspricht, das Wollen ist ein Denken, welchem entsprechend ein Sein gesetzt wird. Das Wissen ist abbildliches Denken, das Wollen ist vorbildliches Denken, oder — wie es in der Dialektik auch heisst — geschäftliches Denken [1]). Es ist ein Denken eines Seins als zu setzenden. Eben damit, dass dieses Sein wirklich gesetzt wird, kommt die ausströmende Thätigkeit zu ihrem Abschluss [2]).

In beiden, dem Wissen und dem Wollen, ist, wie wir sehen, das Resultat ein Zusammenstimmen des Denkens und des Seins, gleichsam ein Sich-decken beider, nur in umgekehrter Ordnung. Ein solches Zusammenstimmen beider ist nun aber nur darum möglich, weil ihrem Getrenntsein eine ursprüngliche Identität beider vorangeht. Jenseits jenes Gegensatzes von Denken und Sein liegt ja eine transcendentale Einheit beider, welche der Grund und die Voraussetzung alles entgegengesetzten Seins ist. Sie ist aber nicht nur dies, sondern auch der transcendentale Grund für unsere Selbstthätigkeit im Wissen und Wollen. Sie ist der Grund unseres Wissens; denn nur weil dem Gegensatz

---

[1]) Dial. S. 569.

[2]) Sigwart (Jahrbb. f. deutsche Theologie II, 1857, S. 838) macht darauf aufmerksam, dass gerade in dieser Identificirung des Wissens und Wollens Schleiermacher sich mehr als irgendwo sonst mit Spinoza berühre; auch nach Thilo (die Wissenschaftlichkeit der modernen spekulativen Theologie u. s. w. S. 61) befinden wir uns hier mitten im Spinozismus. Allein diese Verwandtschaft ist doch eine ziemlich entfernte. Denn nach Schleiermacher ist das Wollen wirklich zweckbezügliches Denken, ein Denken, welches auf ein Setzen als Zweck gerichtet ist. Spinoza dagegen kennt den Begriff des Zweckes überhaupt nicht; schon darum nicht, weil er den Begriff der Zeit und des zeitlichen Geschehens nicht kennt, und alles Sein und Geschehen *sub specie aeternitatis* betrachtet wissen will. Nach ihm reducirt sich das Wollen darauf, dass wir die Dinge in ihrer Nothwendigkeit erkennen,

von Denken und Sein eine transcendentale Einheit beider vorangeht, findet überhaupt eine Beziehung zwischen dem Sein und dem Denken statt und ist ersteres für letzteres fassbar und messbar. Und sie ist der Grund unseres Wollens; denn nur eben darum ist das Sein empfänglich für die Vernunft und nimmt das ideale Gepräge unseres Willens auf. Die transcendentale Einheit des Denkens und Seins ist also der transcendentale *terminus a quo* und das Princip der Möglichkeit unseres Wissens und Wollens [1]). Auf diese Weise verwendet Schleiermacher seine Gottesidee zur Lösung der Aufgabe: die Möglichkeit einer Beziehung zwischen Denken und Sein, und einer Wechselwirkung beider auf einander nachzuweisen. Diese Möglichkeit — und mit ihr die Realität des Wissens und Wollens — ist ihm eben dadurch verbürgt, dass der Gegensatz zwischen Denken und Sein kein absoluter ist, sondern vielmehr selbst schon in einer transcendentalen Einheit gegründet ist, in welcher mit allen Gegensätzen auch jener oberste schlechthin aufgehoben ist. Uebrigens ist diese Bestimmung, dass die transcendentale Einheit nicht nur der Grund unseres Seins, sondern auch der Grund und die Voraussetzung unseres Wissens und Wollens, also unserer Selbstthätigkeit ist, von Wichtigkeit für das Verständniss des Schleiermacher'schen Religionsbegriffs.

Ehe wir aber zur Darstellung dieses letzteren übergehen, haben wir noch hinsichtlich der Lehre vom Gefühl einiger Punkte zu gedenken, in welchen die Darstellung der Dialektik von der Darstellung der Psychologie, an welche wir uns gehalten haben, abzuweichen scheint. Diese Abweichung betrifft 1) die Bestimmung des Verhältnisses von Empfindung und Gefühl. Während nämlich in der Psychologie, wie wir sahen, „Empfindung" und „Gefühl" und „subjectives Bewusstsein" oder

---

[1]) s. Dial. S. 87 (§. 154), 150 (§. 214), 164 (§. 222), 434. Weissenborn I, 257 f.

„Selbstbewusstsein" alles ein und dasselbe ist, wird in der Dialektik [1]) ein Unterschied gemacht zwischen dem Gefühl als dem
unmittelbaren Selbstbewusstsein und der Empfindung, als
welche mittelst der Affection gesetzt sei. Man hat, obwohl es
eine einzige Stelle ist, an welcher diese Unterscheidung gemacht
wird, sich doch vornehmlich hieran gehalten, und sich dadurch
zu mancher schiefen Auffassung der Schleiermacher'schen Lehre
vom Gefühl verleiten lassen [2]). Dass es mit dieser Unterscheidung nicht so ernstlich gemeint sein kann, geht schon daraus
hervor, dass sowohl vorher, als nachher Schleiermacher sich
anders geäussert hat. Denn in den Reden v. J. 1799 wird
„Empfindung" und „Gefühl" ebenso *promiscue* gebraucht [3]), wie
in der Psychologie v. J. 1830. Jene Darstellung der Dialektik
aber, in welcher besagte Unterscheidung gemacht wird, rührt
aus d. J. 1822 her, fällt also der Zeit nach zwischen beide. Der
Sachverhalt wird wohl folgender sein. In den Reden wird noch
gar kein Unterschied gemacht zwischen verschiedenen Stufen
des Gefühls. Es werden nur solche Gefühle, welche durch die

---

[1]) S. 429.

[2]) so z. B. Schwarz, das Wesen der Religion, II, 98 f. — Weissenborn (I, 190) identificirt das, was in der Dialektik Empfindung genannt
wird, mit dem, was in der Dogmatik (§. 5, 1) das thierartig verworrene
Selbstbewusstsein genannt wird. Allein diese thierische Stufe des Bewusstseins ist eben diejenige, auf welcher subjectives Bewusstsein (Empfindung,
Gefühl) und objectives (gegenständliches) Bewusstsein noch mit einander
verworren, noch nicht auseinandergetreten sind. Hier giebt es also noch gar
keine Empfindungen. vgl. Psychol. S. 87 f., 506.

[3]) Wenn Weissenborn II, 59 f. auch in den Reden eine Unterscheidung
zwischen den religiösen oder Gefühlszuständen und den Empfindungszuständen
zu finden meint, so ist dies entschieden unrichtig. Schleiermacher unterscheidet in den Reden allerdings zwischen jenen der Zeit nach fast ver-
schwindenden Momenten der ursprünglichen Berührung des Ichs mit dem
Universum, aus welchen sich erst die einzelnen Lebensmomente (nämlich
1) das Gefühl und 2) das Wirken und 3) das Thun) entwickeln, und dem
Gefühle selbst. Er nennt aber erstere nie Empfindungszustände; vielmehr
ist ihm Empfindung und Gefühl völlig gleichbedeutend.

Natur, und solche, welche durch die menschliche Gesellschaft in uns erregt werden, unterschieden. Beide werden unterschiedslos Empfindungen und Gefühle genannt. In der Psychologie wird dann unterschieden zwischen der niederen oder physischen Stufe der Gefühle, und der höheren oder psychischen. Statt „Gefühl" werden auch die Ausdrücke „subjectives Bewusstsein", „Selbstbewusstsein" und „Empfindung" gebraucht. Letzterer kommt jedoch da, wo von der höheren Stufe der Gefühle die Rede ist, nicht mehr vor. In der Dialektik wird dann für die niedere Stufe der Ausdruck „Empfindung" ebenso ausschliesslich gebraucht, wie für die höhern der Ausdruck „Gefühl". In der Dogmatik endlich werden, wie §. 5, 1 ausdrücklich erklärt wird, beide Stufen unter die Kategorie der „sinnlichen Gefühle" zusammengefasst — ein Ausdruck, der hier nichts anderes bedeuten soll, als endliche, nämlich durch Einzelnes oder Endliches erregte[1]), im Unterschied vom religiösen Gefühl, welches nicht durch ein Einzelnes erregt wird. Auf diese Weise reducirt sich die ganze Differenz auf eine Verschiedenheit des Sprachgebrauchs.

2) Eine andere Differenz scheint obzuwalten hinsichtlich der Bestimmung des Verhältnisses zwischen Gefühl, Wissen und Wollen. In der Psychologie werden nämlich, übereinstimmend mit den Reden und der Dogmatik, Gefühl und Wissen zusammen als die aufnehmenden Thätigkeiten dem Wollen als der ausströmenden Thätigkeit gegenübergestellt. In der Dialektik dagegen wird das Gefühl als Indifferenz oder Identität des Wissens und Wollens bestimmt[2]). Auch dieser scheinbare Widerspruch löst sich durch folgende Erwägung. Das Gefühl, wie es in der Psychologie bestimmt wurde, ist ein unmittelbares Innewerden

---

[1]) §. 5, 1: sie heissen sinnliche, weil sie „in dem Gebiete des vereinzelten und des Gegensatzes ihren Ort haben."
[2]) Dial. S. 151, 154, 429.

seiner selbst, welches eben dadurch zu Stande kommt, dass das Ich durch ein Ausser-ihm irgendwie afficirt wird. Nun hat aber das Ich das Vermögen zu wissen und zu wollen in sich. Nämlich eben sein intellectuelles Vermögen ist ja beides zugleich: ein Vermögen zu wissen und zu wollen, und gleichsam die Potenz zu beiden. Diese Potenz spaltet sich, sobald sie actuell wird — welches immer dadurch geschieht, dass das Ich einem Ausser-ihm gegenübertritt — in die beiden entgegengesetzten Funktionen des Wissens und Wollens. So lange jedoch das Ich bei sich selbst bleibt, liegen Wissen und Wollen in ursprünglicher Einheit in ihm zusammen beschlossen. Und da nun das Ich im Gefühle — und zwar nur im Gefühle — völlig bei sich selbst bleibt, — denn es ist ja nichts anderes, als ein sich selbst haben und ein Innewerden seiner selbst — so liegen allerdings hier Wissen und Wollen in der Indifferenz beisammen. Das Gefühl ist also derjenige Zustand des Ichs, in welchem Wissen und Wollen noch als wesentlich eins und dasselbe in ihm beschlossen sind. Eben dies aber und nichts anderes will es sagen, wenn Schleiermacher das Gefühl selbst die Indifferenz von Wissen und Wollen nennt.

Wir sehen demnach, dass die Bestimmungen der Psychologie und die der Dialektik, weit entfernt, einander zu widersprechen, sich vielmehr gegenseitig ergänzen.

Die hier dargelegten ontologischen und psychologischen Anschauungen bilden nun die Grundlage und Voraussetzung für Schleiermacher's Lehre von dem Wesen der Religion. Genau genommen freilich nur für diejenige Fassung derselben, welche uns in der Dogmatik vorliegt. Denn in den „Reden", in welchen er zuerst als Anwalt der Religion ihren Verächtern gegenüber auftrat, ist nicht nur seine Anschauung über das Wesen der

Religion, sondern auch seine Weltanschauung überhaupt noch
eine etwas andere als später. Um in beiden Beziehungen den
Unterschied zwischen dem früheren und dem späteren Standpunkte Schleiermacher's kennen zu lernen, müssen wir hier auf
den Inhalt der Reden etwas näher eingehen.
Was zunächst deren Weltanschauung im Allgemeinen betrifft, so liegt offen am Tage und hätte nicht geläugnet werden
sollen, dass sie eine entschieden pantheistische ist. All, Universum, Weltgeist, Gott, das alles ist dem Redner ein und dasselbe. Gerade das, was der damaligen Theologie das höchste
und theuerste, weil einzige Besitzthum war, das sie aus den
Trümmern der alten Dogmatik noch gerettet hatte, die Vorstellung von einem persönlichen Gott und einer persönlichen
Unsterblichkeit, gerade dies wird hier mit Kühnheit preisge-
geben und als völlig gleichgültig erklärt für denjenigen, der das
wahre Wesen der Frömmigkeit erfasst habe. Und dies letztere
ist nicht etwa so zu verstehen, als ob Schleiermacher die Vorstellungen von Gott und Unsterblichkeit für den wahrhaft
frommen zwar für gleichgültig oder doch wenigstens entbehrlich
erklärt, seinerseits aber daran festgehalten habe. So steht die
Sache entschieden nicht. Vielmehr ist offenbar, dass der Redner,
eben weil ihm jene Vorstellungen entbehrlich sind, in der That
auch ihrer sich entschlagen hat. -- Man hat, theils um dieses
Sachverhaltes willen, theils weil Schleiermacher in den Reden
mit Wärme und Begeisterung „des heiligen verschlossenen
Spinoza" sich angenommen hat[1]), ihn ohne weiteres des Spinozismus beschuldigt. Im Allgemeinen nun mag dieser Vorwurf
für den Standpunkt der Reden auch gerechtfertigt sein. Allein
reiner Spinozismus war seine damalige Weltanschauung jedenfalls nicht. Der Beweis dafür liegt schon darin, dass fast zur

---

[1]) Neuere Ausgabe, S. 47 f.

selben Zeit mit den Reden die „Monologen" entstanden, in
welchen der hohe Werth und die einzigartige Bedeutung der
Individualität in einer Weise verherrlicht wird, wie sie dem
Spinoza gänzlich fremd war. Und nicht nur in den Monologen,
sondern in den Reden selbst[1]) wird der Werth einer „eigen-
thümlich bestimmten Bildung" in hohen Worten gepriesen.
Die menschliche Seele, so heisst es hier, hat ihr Bestehen nur in
zwei entgegengesetzten Trieben. Zufolge des einen strebt sie
sich als ein besonderes hinzustellen; der andere hingegen
ist die Sehnsucht, hingebend sich selbst in einem grösseren
aufzulösen. Nur wo sich beide auf eine fruchtbarere Weise
durchdringen, da kommt wahre Bildung zu Stande. Jeder von
beiden allein führt zu Unbildung und Missbildung. Das Stre-
ben, „sich als ein besonderes hinzustellen" bildet also die nothwendige Ergänzung zu der Sehnsucht, „hingebend sich selbst
in einem grösseren aufzulösen". Das Ideal Spinoza's dagegen
war bekanntlich ausschliesslich dieses letztere. Eben durch
diese Werthschätzung der Individualität unterscheidet sich also
schon der damalige Standpunkt Schleiermacher's auf sehr charakteristische Weise von dem Spinoza's. Gemeinsam ist ihnen
beiden nur die pantheistische Weltanschauung im Allgemeinen.

Es frägt sich nun, wie sich der spätere Standpunkt Schleiermacher's zu jenem früheren verhalte. Auf den ersten Anblick
scheint die Kluft zwischen den Reden und der Glaubenslehre
eine sehr grosse zu sein. In den Reden haben wir unverhüllten
Pantheismus. Die Glaubenslehre dagegen scheint doch entschieden auf dem Boden des Theismus, ja sogar des christlichen
Theismus, zu stehen. Wir erhalten zwar nirgends näheren Auf-
schluss über die Persönlichkeit Gottes; allein die Lehre von den
göttlichen Eigenschaften scheint doch mindestens so viel zu

---

[1]) s. bes. die erste Rede.

3

sagen, dass wir uns Gott als absolute, von der Welt verschiedene
Causalität zu denken haben. Und damit wäre der Unterschied
von den Reden immerhin noch gross genug. Dem entgegen
versichert uns nun Schleiermacher selbst in der Vorrede zur
dritten Auflage der Reden, welche zur selben Zeit mit der Glaubenslehre erschien, dass seine Denkungsart über diese Gegen-
stände damals schon — nämlich als die Reden zum erstenmale
erschienen — mit Ausnahme dessen, was bei jedem die Jahre
mehr reifen und abklären, in eben der Form ausgebildet gewesen
sei, wie sie seitdem geblieben. Und zum Beweis dessen giebt
er den Reden jene Anmerkungen bei, in welchen er wenigstens
die wesentliche Uebereinstimmung der Reden mit der Glaubenslehre nachzuweisen sucht. Da Schleiermacher uns dieses selbst
versichert, müssen wir es ihm wohl glauben. Und in der That
ist die Differenz zwischen den Reden und der Glaubenslehre bei
weitem nicht so gross, wie sie scheint. Von dem Pantheismus
der Reden ist ja kein sehr weiter Schritt zu jener Weltanschauung, wie wir sie oben auf Grundlage der Dialektik gezeichnet haben. Ein Unterschied ist zwar vorhanden. Denn die
Dialektik verbietet uns ausdrücklich, Gott und Welt als identisch zu denken. Die Welt ist die Totalität des entgegengesetzten Seins, Gott aber die Indifferenz aller Gegensätze. Dies
lautet allerdings anders, als wenn in den Reden „Gott" und
„Universum" ohne weiteres gleichbedeutend gebraucht werden.
Allein sehr gross ist der Unterschied doch nicht. Denn auch
hier wird ja Gott noch als Einheit alles Seins gedacht. So
lange aber Gott als Einheit alles Seins gedacht wird, befinden
wir uns auch noch auf dem Boden des Pantheismus. Freilich
wird dann diese Einheit als indifferente bestimmt, welche
eben als indifferente mit den Gegensätzen nicht identisch sei,
wiewohl sie dieselben auch nicht ausser und neben sich habe.
Allein eben diese Begriffsbestimmung war, wie schon oben ge-

zeigt wurde, nur möglich infolge einer Inconsequenz. Denn
diese beiden Sütze, dass Gott die Einheit alles Seins sei, und
dass Gott und Welt als wesentlich verschieden zu setzen seien,
schliessen einander schlechterdings aus. Jener ist ein entschieden pantheistischer, dieser dagegen bekundet das Bestreben,
vom Pantheismus sich loszumachen. Wir können daher diesen
spüteren Standpunkt Schleiermacher's etwa dahin charakterisiren,
dass er allerdings den Fuss schon erhoben hat, um den Boden
des Pantheismus zu verlassen. Ja wir können ihm vielleicht
zugestehen, dass er den einen Fuss schon auf das jenseitige Gebiet gesetzt hat. Wirklich überschritten aber hat er die Grenze
jedenfalls nicht. Mit dem andern Fuss steht er entschieden
noch diesseits — im Pantheismus. Er hat sich also vom Standpunkte der Reden nicht allzuweit entfernt. — Mit diesem Gottesbegriff der Dialektik ist nun der der Dogmatik völlig identisch.
Zwar scheint der letztere viel entschiedener theistisch zu sein.
Es werden Gott eine Anzahl von Eigenschaften beigelegt, welche
ganz bestimmt die Persönlichkeit Gottes vorauszusetzen scheinen. So z. B. die Eigenschaften der Allwissenheit, der Heilig-
keit und Gerechtigkeit, der Liebe und Weisheit. Allein alle
diese Eigenschaften werden mit einer wahrhaft bewunderns-
würdigen dialektischen Kunst so lange behandelt, bis schliesslich bei allen nichts anderes übrig bleibt, als der Begriff der
schlechthinigen Ursächlichkeit. Und auch da würden wir uns
sehr irren, wenn wir — froh, dass uns wenigstens so viel geblieben ist — dies nun für eine adäquate Aussage über das
Wesen Gottes nehmen wollten. Denn Schleiermacher selbst
hat uns darüber belehrt, dass alle Eigenschaften, welche wir
Gott beilegen, nicht etwas besonderes in Gott bezeichnen sollen[1]),
m. a. W., dass von Gott eigentlich nichts ausgesagt werden

---

[1]) Dogmatik §. 50.

kann, da er ja für unser Wissen überhaupt unfassbar ist. Alle
Aussagen über Gott sind darum immer an eine gewisse Symbolik
gebunden[1]), sie sind immer, sofern sie nicht blosse Schemata
sind, inadäquat[2]). (Ein blosses Schema ist z. B. die Definition
Gottes als der Einheit des Idealen und Realen). Dieser Unan-
gemessenheit müssen wir uns aber, wo es sich um wissenschaftliche Verständigung handelt, stets bewusst sein, um Gott nicht
in das Gebiet des Endlichen und des Gegensatzes herabzuziehen.
Somit wird uns denn auch von jener Eigenschaft der schlechthinigen Ursächlichkeit als wissenschaftlich haltbarer Rest nur
das „Schema“ der indifferenten Einheit des Idealen und Realen
übrig bleiben, das wir schon in der Dialektik als das Einzige,
was Schleiermacher über das Wesen Gottes auszusagen wusste,
kennen gelernt haben[3]). Der Unterschied zwischen der Dialektik
und der Dogmatik ist also der: In der Dialektik ist Gott allerdings auch Grund und Voraussetzung der Welt; aber nur in der
Weise, wie überhaupt die Einheit der Grund und die Voraussetzung ist für die in ihr beschlossene discrete Vielheit. Dieses
ganz todte und abstracte Verhältniss (wo also von einem Wirken
Gottes nicht die Rede ist) ist in der Dogmatik lebendig gewor-
den, indem es sich umsetzte in das Verhältniss von Ursache und
Wirkung. Allein eben damit sind wir schon ins „Mytholo-
gische“[4]) gerathen, indem wir von Gott ein Wirken aussagten,
während doch streng genommen nichts von ihm ausgesagt werden kann. Die Frömmigkeit hat allerdings ein Bedürfniss und
ein Recht zu solcher Ausdrucksweise. Sie darf aber ihre Formeln nicht für wissenschaftlich haltbare und adäquate Aussagen
über das Wesen Gottes ausgeben. Der Gottesbegriff der Dia-

---

1) Psychol. S. 213, 522.
2) Dialektik S. 158, 525.
3) vgl. Sigwart, Jahrbb. für deutsche Theologie, II, S. 324, 830.
4) vgl. Anm. 6, zur zweiten Rede.

lektik und der der Dogmatik sind also durchaus nicht wesentlich verschieden. Sie unterscheiden sich nur so, dass ein und dieselbe Gottesidee in der Dialektik auf eine zwar todte und abstracte, dafür aber streng wissenschaftliche, in der Dogmatik dagegen auf eine lebendige und dem Bedürfniss der Frömmigkeit entsprechende, dafür aber inadäquate Formel gebracht ist.

Aehnlich, wie sich die Weltanschauung der Reden zu der späteren Weltanschauung Schleiermacher's überhaupt verhält, verhält sich auch der Religionsbegriff der Reden zu dem der Dogmatik. Auch hier scheint der Unterschied auf den ersten Anblick ein viel grösserer zu sein, als er in Wahrheit ist. — Die Reden Schleiermacher's entstanden zu einer Zeit, in welcher in theologischen Kreisen der Rationalismus, ausserhalb derselben aber Gleichgültigkeit gegen alle Religion, wo nicht gar Verachtung derselben die Herrschaft erlangt hatten. Der Rationalismus hatte sich, bauend auf die Aussagen des gesunden Menschenverstandes, eine „natürliche Religion" zu recht gemacht, die im Wesentlichen nichts anderes war, als einige „Vorstellungen" und „Grundsätze", welche aus dem Supranaturalismus waren beibehalten worden, da sie sich auch als vernunftgemäss erwiesen hatten. Allein eben diese natürliche Religion erfreute sich so wenig, wie die alte übernatürliche des Beifalls der Gebildeten. Da trat nun Schleiermacher auf, um die also religionslos gewordene Welt wieder zur Religion zurückzuführen. Er sucht seine Zuhörer zunächst dadurch auf seine Seite zu bringen, dass er sich einführt als einen von Ihresgleichen. Seinen Stand als Theolog will er völlig verläugnen. Er will nichts zu schaffen haben „mit den altgläubigen und barbarischen Wehklagen seiner Zunftgenossen, wodurch sie die eingestürzten Mauern ihres jüdischen Zions und seine gothischen Pfeiler wieder emporschreien möchten"[1]). Nur als Mensch will

---

[1]) Reden, S. 3 (neuere Ausgabe).

er reden von den heiligen Geheimnissen der Menschheit. Indem er so nicht im Priesterrock, sondern im Philosophen- und Rhetorsmantel auftritt[1]), sucht er die gebildeten Verächter der Religion hauptsächlich dadurch für dieselbe zu gewinnen, dass er ihnen nachweist, ihre Geringschätzung der Religion beruhe nur auf Missverständniss. Das, was sie verachten, sei in Wahrheit gar nicht Religion. Ueber diese „Vorstellungen" und „Grundsätze", die sie für die Religion hielten, möchten sie immerhin urtheilen, wie sie wollten. Das wahre Wesen dieser werde davon nicht berührt. Denn sie sei weder das eine, noch das andere; weder ein Wissen, noch ein Thun; sondern das wesentliche und nothwendige dritte zu jenen beiden, nämlich ein Fühlen. Und zwar wird dies sogleich dahin näher bestimmt, dass dieses Gebiet des Gefühls ganz und ausschliesslich der Religion anzuweisen sei. Das Leben des Gefühls ist eben das religiöse Leben. Jedes Gefühl ist als solches schon ein religiöses. „Es giebt keine Empfindung die nicht fromm wäre" (S. 54). Denn Religion ist überall da, „wo die lebendigen Berührungen des Menschen mit der Welt sich als Gefühle gestalten" (S. 75).

Fragen wir, wie Schleiermacher dazu gekommen ist, das Wesen der Religion, oder, wie er statt dessen lieber sagt, der Frömmigkeit, in das Gefühl zu setzen, so wird man weniger darauf hinzuweisen haben, dass ähnliche Gedanken schon von andern, z. B. von Jacobi, waren ausgesprochen worden. Denn die Verwandtschaft mit diesem und andern ist doch eine ziemlich entfernte. Der Haupterklärungsgrund wird vielmehr darin liegen, dass die theoretische Ansicht über das Wesen der Religion sich in der Hauptsache stets richtet nach der jeweiligen Wirklichkeit derselben[2]). Schleiermacher's Frömmigkeit war

---

1) Strauss, Charakteristiken und Kritiken, S. 17.
2) vgl. Schwarz, das Wesen der Religion, II, 3.

in der That wesentlich Gefühl. Darum hat er auch das Gefühl für das Wesen der Frömmigkeit erklärt. Dass aber seine Frömmigkeit eine so vorwiegend gefühlsmässige war, dafür liegt der Grund theils in seiner herrnhutischen Herkunft, theils aber in dem starken und nachhaltigen Einfluss, welchen die damals eben aufblühende Romantik auf seinen Entwickelungsgang ausgeübt hat. Aus der Mischung dieser beiden Elemente, getragen von umfassender wissenschaftlicher Bildung und in Schranken gehalten durch einen scharfen kritischen Verstand, entstand jener „Herrnhuter höherer Ordnung", der, wenn er auch den dogmatischen Standpunkt der alten Herrnhuter längst hinter sich gelassen hat, doch mit ihnen jene gefühlsmüssige Form der Frömmigkeit gemein hat.

Die Religion ist also wesentlich Gefühl, und zwar ist jedes Gefühl als solches schon religiös. Aber, wird man fragen, wie kann denn da Religion sein, wo nicht einmal von Gott und dem Glauben an ihn die Rede ist? Hierauf antwortet uns Schleiermacher folgendermassen. Das Gefühl ist ein Afficirt-sein des Ichs durch irgend ein Ausser-ihm, durch irgend einen Gegenstand sei es der natürlichen oder der sittlichen Welt. Dieses Afficirt-sein durch den Gegenstand ist aber ein eigentliches Eins-sein mit dem Gegenstand, und zwar ein Eins-sein auf unmittelbare Weise. Während im Wissen sowohl, als im Wollen Subject und Object einander gegenüberstehen, ist im Gefühl der Gegenstand in uns gesetzt auf unmittelbare Weise. — Jeder einzelne Gegenstand ist aber nur ein Theil der ganzen, unendlichen Welt, ein nothwendiges Glied in dem kunstvollen Bau des Universums. Indem uns daher im Gefühle das Einzelne, Besondere berührt, berührt uns eben damit zugleich das ewige und unendliche Ganze, d. h. eben Gott. Gott lebt da in uns und ist eins mit uns, und wir mit ihm. Jedes Gefühl ist eine Offenbarung, eine Mittheilung Gottes an uns. Daher kommt es, um religiös zu sein, nur darauf an, sich hinzugeben an das Universum und sich möglichst vollständig und allseitig erregen zu lassen von demselben, um so dessen ganzes Leben und Wesen einzusaugen und aufzunehmen in das eigene individuelle Leben. Auf solche Weise mitten in der Endlichkeit eins sein mit dem Unendlichen, das ist Religion.

Der Begriff des Gefühls, der hiebei vorausgesetzt wird, scheint sich vollkommen zu decken mit demjenigen, welchen Schleiermacher später in der Psychologie dargelegt und in der Dogmatik vorausgesetzt hat. Es ist ein Afficirt-sein durch das äussere Sein und ein unmittelbares Innewerden desselben, wobei alles gegenständliche Bewusstsein schlechthin ausgeschlossen ist. Es kommen jedoch auch Stellen vor, welche beweisen, dass Schleiermacher in den Reden noch nicht so reinlich, wie später, alles „gegenständliche Bewusstsein" von dem Gefühl abgesondert und ausgeschieden hat. Es zeigt sich dies namentlich da, wo er von der Erregung frommer Gefühle durch die Natur spricht (S. 75—84). Da heisst es, die durch die Natur erregten Gefühle seien wahrhaft fromm, nicht sofern uns die Natur durch ihre gewaltige Macht Furcht einflösst, oder durch ihre Schönheit Freude verursacht, oder durch ihre Unermesslichkeit in Erstaunen setzt. Solche Furcht und Freude und solches Erstaunen sind zwar auch religiöse Gefühle, aber nur von sehr untergeordneter Art. Was aber in der äusseren Welt den religiösen Sinn vorzüglich anspricht, das sind ihre ewigen Gesetze. „Erhebt Euch zu dem Blick, wie diese gleichmässig alles umfassen, das Grösseste und das Kleinste, die Weltsysteme und das Stäubchen, welches unstät in der Luft umherflattert, und dann sagt, ob Ihr nicht inne werdet die göttliche Einheit und die ewige Unwandelbarkeit der Welt" (S. 80). Man sieht hier deutlich, dass mit dem Gefühl ein gewisses Mass von gegenständlichem Bewusstsein verbunden ist. Denn die ewigen Gesetze der Natur kann man doch nicht inne werden, ohne sie zu wissen. Es wird also das Gefühl nicht so gedacht, dass von demselben alles gegenständliche Bewusstsein schlechthin ausgeschlossen wäre. Ganz dasselbe geht auch daraus hervor, dass Schleiermacher stets betont, das Gefühl sei wahrhaft fromm, nicht sofern es durch das Einzelne als solches erregt wird, sondern nur sofern wir im Einzelnen und mit demselben das Ganze haben und fühlen. „Alles Einzelne nicht für sich, sondern als einen Theil des Ganzen, alles Beschränkte nicht in seinem Gegensatze gegen anderes, sondern als eine Darstellung des Unendlichen in unser Leben aufnehmen und uns davon bewegen lassen, das ist Religion" (S. 57). Auch hier haben wir eine gewisse Verbindung von Fühlen und Wissen. Denn im Einzelnen das Ganze fühlen kann doch nur derjenige, der den nothwendigen Zusammenhang des Einzelnen mit dem Ganzen erkannt hat. Daher heisst es nun auch, die Betrachtung des Frommen sei „das unmittelbare Bewusstsein von dem allgemeinen Sein alles Endlichen im Unendlichen und durch das Unendliche, alles Zeitlichen im Ewigen und durch das Ewige. Dieses suchen und finden in allem, was lebt und sich regt, in allem Werden und Wechsel, in allem Thun und Leiden, und dieses Leben selbst im unmittelbaren Gefühl nur haben und kennen als dieses Sein, das ist Religion" (S. 42). Sie ist „Sinn und Geschmack für das Unendliche" [1]).

Wenn nun dem Bisherigen zufolge Religion überall da ist, wo die lebendigen Berührungen des Menschen mit der Welt sich als Gefühle gestalten, so folgt natürlich, dass von einem Unterschied zwischen wahrer und falscher Religion nicht die Rede sein kann. Wo überhaupt Religion ist, da ist sie auch die wahre.

---

[1]) S. 46. In der Anm. hiezu (Zweite Rede, Anm. 2,) wird bemerkt, „Sinn für das Unendliche" sei hier = Fähigkeit, dasselbe aufzunehmen, Geschmack = Lust hiezu.

Es ist zwar möglich, dass in der einen Religionsgemeinschaft
das wahre Wesen der Religion zu reinerem und vollerem Ausdruck gelangt, als in der andern. Dies schliesst aber nicht aus,
dass es eine unermessliche Zahl geschichtlicher Gestaltungen
der Religion geben kann, von welchen die eine so berechtigt ist,
wie die andere. Es ist darum ein „wunderlicher Gedanke",
wenn man von einer Allgemeinheit einer Religion spricht und
von einer einzigen Form, zu welcher sich alle andern verhielten,
wie falsche zu wahren (S. 63). „Die Religion begehrt nicht,
diejenigen, welche glauben und fühlen, unter einen Glauben zu
bringen und ein Gefühl. Sie strebt wohl, denen, welche religiö-
ser Erregungen noch nicht fähig sind, den Sinn für die ewige
Einheit des ursprünglichen Lebensquelles zu öffnen, denn jeder
Sehende ist ein neuer Priester, ein neuer Mittler, ein neues Organ; aber eben deswegen flieht sie mit Widerwillen die kahle
Einförmigkeit, welche diesen göttlichen Ueberfluss wieder zer-
stören würde. — — Das neue Rom, das gottlose, aber conse-
quente, schleudert Bannstrahlen und stösst Ketzer aus; das
alte, wahrhaft fromm und religiös im hohen Stil, war gastfrei
gegen jeden Gott und so wurde es der Götter voll" (S. 65). So
ist denn auch das Christenthum nur eine neben vielen anderen,
ebenso berechtigten Gestalten der Religion. Und es beansprucht
selbst keineswegs allgemeine und ausschliessliche Geltung. „Es
verschmäht diese beschränkende Alleinherrschaft" und sähe
selbst gern „andere und jüngere, wo möglich kräftigere und
schönere Gestalten der Religion hervorgehen dicht neben sich
aus allen Punkten. — Wie nichts irreligiöser ist, als Einförmigkeit zu fordern in der Menschheit überhaupt, so ist nichts un-
christlicher, als Einförmigkeit zu suchen in der Religion. Auf
alle Weise werde die Gottheit angeschaut und angebetet. Viel-
fache Gestalten der Religion sind möglich in einander und neben
einander" (S. 299).

Solche und ähnliche Stellen bedürfen keines weiteren Com-
mentares. „Es ist unverkennbar — sagt Strauss [1]) sehr richtig
— dass die Reden aus dem Bewusstsein eines Solchen kommen,
der sich mit seinem Empfinden und Denken noch keineswegs
bestimmt in der christlichen Religion und Kirche angesiedelt,
sondern sich noch die Freiheit vorbehalten hat, sich beliebig da
oder dort niederzulassen; oder dessen religiöse Virtuosität vielmehr eben darin besteht, sich in alle wirklichen Religionen und
noch einige andere, bloss mögliche, hineinempfinden zu können."
    Vergleichen wir mit diesem früheren Standpunkte der
Reden den späteren der Dogmatik, so fällt uns vor allem ein
Unterschied in die Augen. In den Reden heisst es: „Es giebt
keine Empfindung, die nicht fromm wäre". In der Dogmatik
dagegen hören wir §. 4: „das gemeinsame aller noch so verschiedenen Aeusserungen der Frömmigkeit, wodurch diese sich
zugleich von allen andern Gefühlen unterscheiden, —
ist dieses, dass wir uns unserer selbst als schlechthin abhängig —
bewusst sind". Während also in den Reden jedem Gefühl ohne
Ausnahme religiöse Dignität zugeschrieben wird, wird in der
Dogmatik aus der unermesslichen Zahl der Gefühle ein einziges,
nümlich das Gefühl der schlechthinigen Abhängigkeit, ausgeschieden und nur diesem allein und ausschliesslich die Geltung
eines frommen Gefühles zuerkannt. Wir werden keinen Augen-
blick zweifelhaft sein, hierin einen sehr grossen und wesentlichen
Unterschied zwischen der früheren und späteren Anschauung
Schleiermacher's zu erkennen. — Je klarer und unzweifelhafter
dies zu sein scheint, um so grösser wird unser Erstaunen sein,
wenn uns nun Schleiermacher in der Anmerkung zu eben jener
Stelle der Reden [2]) — also in einer Aeusserung vom J. 1821, aus

---

[1]) Charakteristiken und Kritiken, S. 23 f.
[2]) Zweite Rede, Anm. 4,.

derselben Zeit, in welcher er die Dogmatik schrieb — versichert, er wisse von der Allgemeinheit der Behauptung nichts zurückzunehmen, und wolle sie keineswegs als eine rednerische Vergrösserung verstanden haben. Er hält also den Satz, es gebe keine Empfindung, die nicht fromm sei, zur selben Zeit noch aufrecht, in welcher er unter allen Gefühlen, sie seien welche auch immer, einzig und allein das Gefühl der schlechthinigen Abhängigkeit für ein frommes erklärt. — Es ist dies ein recht lehrreiches Beispiel dafür, wie sehr man Schleiermacher's wahre Meinung verfehlen kann, wenn man sich bloss an den Wortlaut seiner Sätze hält. Schleiermacher hat eine seltene Meisterschaft darin, seine Ansichten, je nachdem der Zweck und Ausgangspunkt der Darstellung ein verschiedener ist, verschieden zu formuliren. Die Verschiedenheit dieser Formeln ist zuweilen so gross, dass man es nicht für möglich halten sollte, dass ihnen ein und dieselbe Anschauung zu Grunde liegt. Und doch ist dies gewöhnlich, wie z. B. auch hier, der Fall. Wenigstens ist in unserem Falle der Unterschied zwischen der früheren und späteren Anschauung, der allerdings nicht ganz in Abrede zu stellen ist, ein so geringer, dass er für Schleiermacher's eigenes Bewusstsein völlig verschwand.

Den Schlüssel zur Lösung des Widerspruches zwischen jenen beiden Formeln bietet uns die Dialektik. Hier lernen wir zugleich auch die Motive kennen, welche Schleiermacher zu der späteren, so völlig anders lautenden Formulirung bewogen. — Aus der Dialektik wissen wir ja, dass Schleiermacher in seiner späteren Periode nicht mehr das All oder das Universum ohne weiteres = Gott setzte. Nicht die Totalität des entgegengesetzten Seins (und dies ist doch das Universum), sondern die über allen Gegensätzen stehende transcendentale Einheit derselben ist ihm nun das Absolute oder Gott. In den Reden nun war, dem Gottesbegriff derselben völlig entsprechend, die Fröm-

migkeit bestimmt als die im Gefühl und vermittelst desselben
sich vollziehende Berührung des Ichs mit irgend einem Sein
ausser ihm, welche Berührung, da ja jedes auch noch so geringe
einzelne Sein ein wesentlicher und nothwendiger Theil des Ganzen ist, *eo ipso* eine Berührung mit dem Ganzen, mit dem All,
d. h. mit Gott selbst ist. Als nun später jene Modification des
Gottesbegriffs eintrat, erfuhr auch der Religionsbegriff eine,
wenn auch nicht sehr tiefgreifende Correctur. Es konnte nämlich jetzt nicht mehr das Gefühl schon darum ein religiöses sein,
weil in ihm eine Berührung stattfindet zwischen dem Ich und .
dem Universum. Denn das letztere war eben seiner göttlichen
Eigenschaft entkleidet. Vielmehr kommt nun dem Gefühl der
Charakter der Frömmigkeit darum zu, weil in ihm das Ich,
indem es in Berührung tritt mit einem Sein ausser ihm und dasselbe in sich aufnimmt, ebendamit zugleich auch von der allem
Sein zu Grunde liegenden und ihm immanenten[1]) absoluten
Einheit des Idealen und Realen — welche eben Gott ist — berührt und bestimmt wird. Also nicht mehr die Berührung des
Ichs mit dem Universum, sondern die Berührung des Ichs mit
dem transcendentalen — oder, wie Schleiermacher ebenso gut
sagen könnte, immanenten — Grunde des Universums ist nun
das, was das Wesen der Frömmigkeit ausmacht. Da aber, wie
gesagt, jedes einzelne Sein diesen Grund seines Daseins in sich
hat, so findet auch in jedem Gefühle eine Berührung statt
zwischen dem Ich und dem transcendentalen Grunde; somit
konnte Schleiermacher auch jetzt noch, wie ehedem, jedes
Gefühl ohne Ausnahme für ein religiöses erklären.

---

[1]) Dass Schleiermacher jene Einheit des Idealen und Realen in der That
als den Gegensätzen immanent denkt, kann, abgesehen von allem andern,
schon nach §. 216 der Dialektik nicht zweifelhaft sein. Wenn er sie trotzdem
stets transcendental nennt, so will dies, wie schon oben bemerkt wurde, nur
so viel sagen, dass sie jenseits unseres Wissens liegt.

Freilich könnte man nun, da die Frömmigkeit wesentlich
als Innewerden des Absoluten oder des transcendentalen Grundes
bestimmt wurde, fragen, ob es denn hiezu der Affection durch
ein äusseres Sein bedürfe, da ja das Ich selbst, so gut wie jedes
andere Sein, den transcendentalen Grund seines Seins schon in
sich habe. Wie allem unter dem Gegensatz befindlichen Sein,
so ist auch dem menschlichen Ich die absolute Einheit des
Idealen und Realen immanent, und zwar als der Grund seines
Daseins. Man sollte darum meinen, es bedürfe nicht erst der
Affection durch ein äusseres Sein, damit das Ich den transcendentalen Grund innewerde. Es ist ja ohnehin schon durch denselben bedingt und bestimmt. Sollte sich dieses Bestimmtsein
nicht auch, so gut wie das Bestimmtsein durch ein äusseres
Sein, als Gefühl geltend machen? In der That stellt auch
Schleiermacher in der Dogmatik das Bestimmtsein durch den
transcendentalen Grund ganz in Analogie mit dem Afficirt-sein
durch ein äusseres Sein. Ersteres wie letzteres soll ein Gefühl
zum Resultate haben. Aber freilich ersteres nur in Verbindung
mit letzterem. Das Bestimmtsein durch den transcendentalen
Grund ist ein sich ewig gleichbleibendes Verhältniss. Daraus
kann an und für sich noch kein Gefühl entstehen. Denn ein
Gefühl entsteht nur dadurch, dass das Ich bald so, bald anders
bestimmt werde. Daher kann, so zu sagen, der transcendentale
Grund sich dem Ich vermittelst des Gefühls bemerklich machen
nur in Verbindung mit irgend einem einzelnen endlichen Sein. Es kann also, wie Schleiermacher sich ausdrückt,
das Gefühl, welches auf dem Verhältniss des transcendentalen
Grundes zu uns beruht und aus demselben sich entwickelt, es
kann dasselbe „wirklich werden" und „zeitlich erscheinen" nur
„auf Veranlassung der Einwirkung einzelner Dinge auf uns" [1]).

---

[1]) Reden S. 126 (zweite Rede, Anm. 5). Dogmatik §. 5, 4 gegen Ende.

Somit ist das Resultat auch hier ein Innewerden des Absoluten in Verbindung mit einem einzelnen endlichen
Sein; und wir können nun den obigen Satz, dass jedes Gefühl
ein religiöses sei, weil mit jedem einzelnen Sein zugleich das
Absolute selbst uns berühre, dahin ergänzen, dass dies auch die
einzige Art und Weise ist, auf welche eine Berührung des Ichs
mit dem Absoluten überhaupt stattfinden kann. „Im religiösen
Bewusstsein ist das Absolute nicht an und für sich, — sondern
immer nur an einem andern, an einem Bewusstsein des Menschen
von sich selbst, von bestimmten menschlichen Verhältnissen
u. s. w. Wollen wir das Bewusstsein Gottes isoliren, so gerathen
wir in ein bewusstloses Brüten, und wir müssen immer sagen,
das Bewusstsein Gottes sei um so lebendiger, je lebendiger ein
anderes dabei ist. — Im religiösen Bewusstsein — — ist das
Bestreben, das Bewusstsein Gottes zu isoliren, gar nicht; der
religiöse Mensch hat kein Arg daraus, das Bewusstsein Gottes
nur zu haben an dem frischen und lebendigen Bewusstsein eines
irdischen". (Dial. S. 153).

In dieser Lage der Dinge hat es nun seinen Grund, dass
alle Aussagen über Gott, welche durch Reflexion auf das fromme
Gefühl entstehen, nothwendig etwas „Anthropoeidisches" enthalten. Eben weil wir das Bewusstsein Gottes nur haben „an
dem frischen und lebendigen Bewusstsein eines irdischen", ist
es unvermeidlich, dass allen Aussagen über Gott etwas „men-
schenähnliches" sich beimischt[1]. Dies ist zwar an und für sich
nicht schlimm. Denn die Frömmigkeit besteht ja eben nicht in
solchen Aussagen über Gott, sondern vielmehr in dem unmittelbaren Ergriffensein von dem Absoluten; und jene Aussagen entstehen erst durch Reflexion auf diesen Gefühlszustand. Allein
misslich ist die Sache da, wo es sich um wissenschaftliche Ver-

---

[1] Dial. S. 431. Dogmatik §. 5. Zusatz.

ständigung handelt. Denn hier soll in den Aussagen über Gott
das Menschenähnliche doch möglichst vermieden werden. Um
nun diesen Zweck zu erreichen, traf Schleiermacher in der
Dogmatik die Veranstaltung, das Gottesbewusstsein zu „isoliren";
d. h. er behandelt die beiden Seiten, welche jedem Gefühle
wesentlich sind, — dass es nämlich einerseits ein Afficirtsein
durch ein einzelnes Endliches ist, andererseits ein Bestimmtsein
durch den transcendentalen Grund — gesondert und jede für
sich. Er trennt sie in der Darstellung, während sie in Wirklichkeit immer und nothwendig zusammen sind. Sehr bezeichnend
ist es, dass er in den Vorlesungen über Dialektik v. J. 1818 noch
sagt: „im religiösen Bewusstsein sei das Bestreben, das Bewusstsein Gottes zu isoliren, gar nicht", während es in den Vorlesungen v. J. 1822 — als eben die Glaubenslehre zum erstenmal
hinausgegeben wurde — heisst: „da im Gefühl immer das Bewusstsein Gottes verknüpft ist mit einem endlich bestimmten
Bewusstsein, so bedarf es einer Isolirung" (Dial. S. 430),
und gleich darnach: um das anthropoeidische zu vermeiden,
halte sich „die Reflexion über das religiöse Gefühl, deren Ort
die Glaubenslehre ist, vorzüglich an die Formel mit
scheinbarer Duplicität" scil: des Gefühls (Dial. S. 431).

Indem nun so die Dogmatik sich „an die Formel mit scheinbarer Duplicität" hält, stellt sie die religiöse Seite des
Gefühls als ein besonderes Gefühl dar, und unterscheidet dieses
als das Gefühl der schlechthinigen Abhängigkeit von allen
andern Gefühlen, welche nun die „sinnlichen" genannt werden.
Dadurch entsteht in der That der Schein, als ob aus der unermesslichen Zahl der Gefühle ein einziges herausgenommen und
diesem allein religiöse Dignität zugeschrieben werde. Dieser
Schein vermehrt sich noch, wenn das Gefühl der schlechthinigen
Abhängigkeit „die höchste Stufe des Selbstbewusstseins" genannt, und als solche über das sinnliche Selbstbewusstsein gestellt

wird, wodurch dem letzteren so entschieden als möglich alle
religiöse Geltung abgesprochen wird. Nachdem aber auf diese
Weise die Trennung des religiösen Gefühls von dem sinnlichen,
welche zum Behufe der Vermeidung des Anthropoeidischen in
den Aussagen über Gott nöthig war, möglichst streng und entschieden vollzogen ist, wird nun (§. 5, 3—5) der umgekehrte
Weg eingeschlagen, und beide, das religiöse und das sinnliche
Gefühl, wieder in möglichst nahe und enge Verbindung mit
einander gebracht. Beide — so wird nun betont — gehören
wesentlich zusammen. Ersteres kann ohne letzteres nicht sein,
und letzteres kann ohne ersteres nicht sein, oder soll es wenigstens nicht. Beide sind — wenigstens da, wo es richtig bestellt
ist — stets „auf einander bezogen". Auf diese Weise kommen
wir, wenn auch auf einem Umwege, doch wieder dahin zurück,
dass religiöses und sinnliches Gefühl immer zusammen sind, was
man ja auch so wenden kann: dass jedes Gefühl auch eine
religiöse Seite hat; und dies ist von jenem Satze der Reden: „es
giebt keine Empfindung, die nicht fromm wäre" nur dem Aus-
drucke nach verschieden. Die ganze Differenz zwischen den
Reden und der Dogmatik ist sonach — was diesen Punkt an-
langt — nicht viel mehr als ein Unterschied der „Formel." Und
es leuchtet nun ein, wie Schleiermacher zu gleicher Zeit jenen
Satz der Reden aufrecht erhalten und die so völlig anders
lautenden Bestimmungen der Dogmatik aufstellen konnte.

Betrachten wir nun die religiöse Seite des Gefühls oder —
um uns dem Sprachgebrauch der Dogmatik zu accomodiren —
das religiöse Gefühl noch etwas genauer. Es ist, wie wir schon
sahen, Gefühl der schlechthinigen Abhängigkeit. Allem
Endlichen gegenüber fühlen wir uns nämlich immer frei und
abhängig zugleich. Es giebt keinen Moment des Lebens, in
welchem wir nicht gegen die Einwirkung des äussern Seins auf
uns eine wenn auch noch so geringe Reaction ausübten; und es

giebt ebenso keinen Moment des Lebens, in welchem nicht das äussere Sein gegen unsere Einwirkung auf dasselbe irgendwelche Gegenwirkung ausübte. Wir sind also in jedem Momente sowohl frei (selbstthätig) gegenüber dem üussern Sein, als abhängig von demselben. Daher ist auch sowohl unser Gefühl der Abhängigkeit von demselben, als unser Gefühl der Freiheit ihm gegenüber immer nur ein relatives. Und zwar verhält sich die Sache so, dass dasjenige Gefühl, welches einen Moment für sich ausfüllt, vorwiegend ein Gefühl der Abhängigkeit ist (denn in beiden Fällen verhalten wir uns receptiv), wogegen dasjenige Gefühl, welches einen Moment des Wollens (des Thuns, der Selbstthätigkeit) begleitet, vorwiegend ein Gefühl der Freiheit ist[1]). Beide aber sind immer nur relativ. Dagegen ist dasjenige Gefühl, welches durch den transcendentalen Grund in uns erregt wird, ein Gefühl der schlechthinigen Abhängigkeit. Aber ist denn — so kann man fragen — ein Gefühl der schlechthinigen Abhängigkeit überhaupt möglich? Wir sind ja in jedem Momente des Lebens wenigstens in irgend einem Masse selbstthätig. Wird denn hiedurch ein Sich-schlechthin-abhängig-fühlen nicht unbedingt ausgeschlossen? Auf diese Frage erhalten wir in der Dogmatik (§. 4, 3) nur folgende Antwort: „Eben das unsere gesammte Selbstthätigkeit, also auch, weil diese niemals Null ist, unser ganzes Dasein begleitende, schlechthinige Freiheit verneinende Selbstbewusstsein ist schon an und für sich ein Bewusstsein schlechthiniger Abhängigkeit, denn es ist das Bewusstsein, dass unsere ganze Selbstthätigkeit ebenso von anderwärts her ist, wie dasjenige ganz von uns her sein müsste, in Bezug worauf wir ein schlechthiniges Freiheitsgefühl haben sollten". Man hat diese Worte zum Theil so verstanden, als sagten

---

[1]) vgl. Weissenborn I, 212. II, 11. Sigwart, Jahrbb. für deutsche Theologie, II (1857), S. 843, Anm.

sie aus, „dass dasjenige Selbstbewusstsein, welches die schlechthinige Freiheit verneint, an und für sich schon ein Bewusstsein
schlechthiniger Abhängigkeit ist." [1]) Wenn dies Schleiermacher's Meinung wäre, so hätte er sich
allerdings eines sehr bedenklichen logischen Fehlers schuldig
gemacht. Denn ein Bewusstsein, welches die schlechthinige
Freiheit verneint, verneint doch noch lange nicht die Freiheit
überhaupt. Dieses müsste aber der Fall sein, wenn es = Bewusstsein schlechthiniger Abhängigkeit sein sollte. Unser Bewusstsein aber verneint die Freiheit überhaupt so wenig, dass es vielmehr ganz bestimmt eine relative Freiheit aussagt. Ein solches,
schlechthinige Freiheit verneinende, aber relative Freiheit
aussagende Bewusstsein ist also freilich nicht = Bewusstsein
der schlechthinigen Abhängigkeit. Aber dies ist auch gar nicht
Schleiermacher's Meinung. Vielmehr ist der Sinn seiner Worte
entschieden der: dass das unsere ganze Selbstthätigkeit begleitende Selbstbewusstsein ein Bewusstsein schlechthiniger Abhängigkeit ist, weil es aussagt, dass unsere ganze Selbstthätigkeit schlechthin „von anderwärts her ist." Die
Meinung ist also die: Unsere ganze Selbstthätigkeit begleitet
das Bewusstsein, dass diese schlechthin von anderwärts her ist;
und dieses Bewusstsein ist ein Bewusstsein schlechthiniger Abhängigkeit. Natürlich! Denn wenn unsere ganze Selbstthätigkeit schlechthin von anderwärts her ist, so sind wir auch als
selbstthätige und gerade sofern wir selbstthätig sind,
doch abhängig, nämlich von dem Woher unserer Selbstthätigkeit,
d. h. vom transcendentalen Grunde. Wir sind also nicht nur
als von dem Einzelnen, Endlichen abhängige, sondern auch als
ihm gegenüber selbstthätige, freie, — immer abhängig von dem
transcendentalen Grunde; und dadurch entsteht in uns ein

[1]) Thilo, die Wissenschaftlichkeit der modernen spekulativen Theologie u. s. w. S. 66.

Gefühl schlechthiniger Abhängigkeit. Während wir also in jedem Momente unseres Lebens uns sowohl abhängig, als auch frei (selbstthätig) fühlen dem Endlichen gegenüber, fühlen wir uns zugleich schlechthin abhängig vom transcendentalen Grunde ¹). Inwiefern aber unsere Selbstthätigkeit „von anderwärts her ist,‟ inwiefern wir also als selbstthätige abhängig sind vom transcendentalen Grunde, ist schon oben gezeigt worden. Die transcendentale Einheit von Idealem und Realem ist nämlich, wie es in der Dialektik heisst, der „*terminus a quo* und das Princip der Möglichkeit‟ unserer Selbstthätigkeit im Wissen und Wollen; denn die im Wissen und Wollen angestrebte Uebereinstimmung von Denken und Sein ist nur darum erreichbar, weil dem Getrenntsein beider (des Denkens und des Seins) eben jene transcendentale Einheit vorangeht (nümlisch logisch, nicht zeitlich). So sind wir denn nicht nur in den Momenten vorwiegender Abhängigkeit von einem Endlichen, sondern auch in den Momenten gesteigerter Selbstthätigkeit ihm gegenüber doch stets abhängig vom transcendentalen Grunde. Diesem gegenüber giebt es keine Selbstthätigkeit, sondern nur Abhängigkeit; und jedes Innewerden desselben kann immer nur ein Gefühl schlechthiniger Abhängigkeit sein.

Ein Gefühl aber ist dieses letztere im eigentlichsten Sinne des Wortes. Wie jede Einwirkung eines Gegenstandes auf uns zur Folge hat, dass wir uns so und so bestimmt fühlen, so hat das Sein des transcendentalen Grundes in uns zur Folge, dass wir uns schlechthin abhängig fühlen. Es ist ein unmittelbares Bewusstsein unsrer selbst als schlechthin abhängiger.

¹) Dass obige Auffassung jenes schwierigen Passus der Dogmatik die richtige sei, erhellt unzweideutig aus der Dialektik; s. bes. S. 474 f. (namentlich S. 475 oben die Worte: „als in der Selbstthätigkeit des denkend wollenden gesetzte Abhängigkeit vom transcendentalen Grunde).‟ Uebrigens vgl. auch Schaller S. 270.

Und wie in jedem Gefühle der einwirkende Gegenstand nicht „vorgestellt" wird, — da ja das eigenthümliche Wesen des Gefühls gerade darin besteht, dass der einwirkende Gegenstand nicht vor unser Auge hintritt, sondern wir nur uns selbst irgendwie afficirt oder bestimmt fühlen — so ists auch hier. Auch hier ist der einwirkende Gegenstand, also der transcendentale Grund, unserem Bewusstsein schlechterdings nicht gegenständlich. Es ist ein nur allzuleicht sich einschleichendes Missverständniss, Schleiermacher's Sätze so aufzufassen, als lehre er ein unmittelbares Gottesbewusstsein, nümlich ein unmittelbares Bewusstsein von Gott. Wenn man von letzterem spricht, meint man immer ein objectives, gegenständliches Bewusstsein von Gott. Und dieses kennt Schleiermacher allerdings auch. Er ist aber weit davon entfernt, dasselbe für ein „unmittelbares" zu erklären, Unmittelbar ist nur dies, dass wir uns schlechthin abhängig fühlen. Indem wir aber diesen unsern Gefühlszustand zum Gegenstande der Reflexion machen, indem wir also das Woher unseres schlechthinigen Abhängigkeitsgefühles aufsuchen und diesem einen Namen geben, so entsteht die Vorstellung „Gott". Dieses gegenständliche, objective Bewusstsein von Gott ist also durchaus kein unmittelbares, sondern vielmehr ein erst durch Reflexion auf das schlechthinige Abhängigkeitsgefühl entstandenes. Es ist daher auch völlig verkehrt, Schleiermacher die Meinung unterzuschieben, als seien die Sätze der Glaubenslehre unmittelbare Aussagen des frommen Gefühls. Unmittelbar ist nur das Gefühl der schlechthinigen Abhängigkeit als solches. Die Sätze der Glaubenslehre entstehen aber erst durch Reflexion auf dieses Gefühl. Und diese Reflexion beginnt — die Unmittelbarkeit hört also auf —, sobald der Gefühlszustand in die Sprache übersetzt wird. Schleiermacher unterscheidet selbst ganz unzweideutig (§. 3, 3) zwischen der „christlichen Frömmigkeit" und dem „christlichen Glauben." Erstere

ist Sache des Gefühls oder des unmittelbaren Bewusstseins;
letzteres gehört dem reflectirten oder gegenständlichen Bewusstsein an.

Wie jedes Gefühl, so ist auch das Gefühl der schlechthinigen
Abhängigkeit einem Wechsel von Lust und Unlust unterworfen. Jedes zeitliche Leben kann nämlich nur verlaufen in
einer Reihe wechselnder Momente. Sofern also das religiöse
Gefühl überhaupt „zeitlich werden und zur Erscheinung kommen" soll (§. 5, 4), muss es in eine Reihe verschiedener Momente
zerfallen. Dieser Wechsel besteht aber darin, dass es bald
stärker, bald schwächer sich äussert, bald leichter, bald schwerer
hervortritt. Ersteres wird immer als Förderung des religiösen
Lebens empfunden, also als Lust, letzteres als Hemmung desselben, also als Unlust [1]). Dieser Wechsel von Lust und Unlust
innerhalb des religiösen Gefühls fällt aber durchaus nicht zusammen mit dem Wechsel von Lust und Unlust innerhalb des
sinnlichen Gefühls. Vielmehr kann ein Schmerz des sinnlichen
und eine Freudigkeit des religiösen Gefühls sehr wohl zusammen
sein, wie z. B. überall, wo mit einem Leidensgefühl verbunden
ist das Vertrauen auf Gott.

Die bisher nur ihrem allgemeinen Wesen nach beschriebene
Frömmigkeit hat nun ihr Dasein in einer Vielheit verschiedener
geschichtlicher Gestalten. In den Reden waren diese alle als
gleichberechtigt anerkannt. Die Dogmatik versucht Ordnung
in dieses Chaos zu bringen, und zugleich Gesichtspunkte auf-

---

[1]) Wenn dieser Wechsel von Lust und Unlust dem frommen Gefühl noth-
wendig anhaftet „vermöge seiner Art, zeitlich zu werden und zur
Erscheinung zu kommen," so ist natürlich, wie Schleiermacher in der
That auch lehrt, die Unlust, d. h. also die Sünde, unvermeidlich. Einer ent-
schiedenen Inconsequenz aber macht sich Schleiermacher hiegegen in seiner
Christologie schuldig. Denn dort wird ein zeitliches Menschenleben postulirt,
dessen Gottesbewusstsein ein schlechthin kräftiges und stetiges, also jenem
Wechsel von Lust und Unlust schlechthin nicht unterworfen ist.

zustellen für die Beurtheilung der verschiedenen Religionsformen.
Zu diesem Behufe werden zunächst unterschieden verschiedene
Entwickelungsstufen der Religion (§. 8). Solcher Stufen
sind es drei, nämlich der Fetischismus oder eigentliche Götzen-
dienst, der Polytheismus und der Monotheismus. Diese
drei Formen scheinen freilich nur auf einem Unterschiede der
Vorstellung — nämlich der Vorstellung von Gott — zu
beruhen; und darnach hätten wir allerdings, da ja Vorstellungen
nicht das Wesen der Frömmigkeit ausmachen, noch kein Recht,
sie für drei verschiedene Entwickelungsstufen der Religion selbst
auszugeben. Allein jene Verschiedenheit der Vorstellungen hat
ihren Ursprung in einer Verschiedenheit des frommen Gefühles
selbst. Wo nämlich das schlechthinige Abhängigkeitsgefühl
vollkommen entwickelt ist, da muss, indem das Ich diesen seinen
Gefühlszustand zum Gegenstande der Reflexion macht und das
Woher desselben aufsucht, nothwendig die Vorstellung einer
schlechthinigen Ursächlichkeit entstehen. Von dieser weiss das
Ich sich als endliches und um seiner Endlichkeit willen
schlechthin abhängig. Eben darum aber muss es auch alles
Endliche überhaupt als von eben derselben Ursächlichkeit
schlechthin abhängig setzen (§. 8, 2). Und so entsteht die Vorstellung von einer einzigen, alles Endliche bedingenden schlechthinigen Ursächlichkeit, d. h. also die monotheistische Vorstellung
von Gott. Wenn dagegen das schlechthinige Abhängigkeitsgefühl noch nicht vollkommen entwickelt ist, und sich namentlich noch nicht in seiner Verschiedenheit von dem sinnlichen
Gefühle geltend gemacht hat, so wird, indem dieser Gefühlszustand zum Gegenstande der Reflexion gemacht wird, das
Woher des sinnlichen Gefühls und das Woher des religiösen
Gefühls als eins und dasselbe gesetzt; es werden die Vorstellungen
„Gott" und die eines einzelnen Endlichen mit einander vermischt,
d. h. also Gott selbst als ein einzelnes Endliches vorgestellt.

Auf der niedrigsten Stufe ist dies der Fetischismus, wogegen der Polytheismus eine Mittelstufe zwischen jenem und dem Monotheismus bildet. Wenn nun diese drei Religionsformen verschiedene Entwickelungsstufen des frommen Gefühls repräsentiren, wenn also der Monotheismus, und zwar der Monotheismus als solcher, den Höhepunkt der Entwickelung bildet, auf welchem die Religion zu ihrer absoluten Vollendung gelangt ist, so folgt natürlich, dass etwaige verschiedene Arten innerhalb der monotheistischen Stufe vollkommen gleichwerthig und gleichberechtigt sind; und es scheint hienach, dass das Christenthum keinen Vorzug vor dem Judenthum und dem Islam beanspruchen darf. Dieser Folgerung weicht indessen Schleiermacher dadurch aus, dass er sagt, das Christenthum stehe schon deshalb über dem Judenthume und dem Islam, weil diese beiden den Monotheismus nicht rein haben. Das Judenthum zeigt nämlich „durch die Beschränkung der Liebe des Jehovah auf den Abrahamitischen Stamm noch eine Verwandtschaft mit dem Fetischismus", wogegen der Islam „durch seinen leidenschaftlichen Charakter und den starken sinnlichen Gehalt seiner Vorstellungen einen starken Einfluss jener Gewalt des Sinnlichen auf die Ausprägung der frommen Erregungen verräth, welche sonst den Menschen auf der Stufe der Vielgötterei festhält" (§. 8, 4). So nimmt also schon aus diesem Grunde — abgesehen von einem andern, welchen wir später werden kennen lernen — das Christenthum unter den geschichtlich gegebenen Religionsformen die höchste Stelle ein.

Um nun auch für die verschiedenen Arten innerhalb der einzelnen Religionsstufen ein Princip der Eintheilung zu haben, macht Schleiermacher noch eine Quertheilung, und unterscheidet zwischen teleologischer und ästhetischer Form der Frömmigkeit (§. 9). Der Unterschied beider beruht auf folgendem:

Wir sind und fühlen uns — wie wir schon sahen — in jedem
Momente des Lebens sowohl abhängig als frei, sowohl bestimmt
durch ein Ausser-uns als selbsthätig ihm gegenüber. Wo nun
das Ich durch die leidentlichen Momente (in welchen es also
vorwiegend bestimmt ist durch ein Ausser-ihm) sich immer zu
einer Selbstthätigkeit anregen lässt, wo also die leidentlichen
Momente nur als Mittel dienen, um die thätigen Zustände her-
vorzurufen, und wo mit diesen vorzugsweise das fromme Gefühl
sich verbindet, da wird auch die fromme Erregung immer ein
Impuls sein zu einem irgendwie bestimmten Handeln. Hier
herrscht also „die Beziehung auf die sittliche Aufgabe" vor.
Daher können wir dieseForm der Frömmigkeit die teleologische
nennen. — Wo dagegen die Momente der Selbstthätigkeit
(in welchen also das Ich sich vorwiegend activ verhält gegenüber dem Ausser-ihm) immer nur als „Ergebniss aus den
zwischen dem Subject und dem übrigen Sein bestehenden Verhältnissen", d. h. also als Product der Einwirkung des äusseren
Seins auf das Ich, betrachtet werden; wo wir also unsere ganze
Selbstthätigkeit, d. h. aber überhaupt das in uns vorhandene
Massverhältniss menschlicher Kräfte, als das Ergebniss und
Resultat der natürlichen Wechselwirkung aller Dinge betrachten,
da wird durch Hinzutritt des frommen Gefühls vorzüglich die
Vorstellung sich bilden, dass unser ganzes Thun und Sein ein,
sei es schönes, sei es hässliches, Product der göttlichen Allmacht
ist. Hier wird also auch das sittliche Verhalten vorherrschend
unter dem Gesichtspunkte der Schönheit betrachtet. Daher
können wir die hiedurch sich bildende Form der Frömmigkeit
die ästhetische nennen.

Von ersterer Art sind vornehmlich das Christenthum und,
minder vollkommen, das Judenthum, von letzterer vornehmlich
der griechische Polytheismus, und auf monotheistischer Stufe
der Muhammedanismus (letzterer nämlich gehört hieher wegen

seines fatalistischen Charakters). Uebrigens ist mit dieser Unterscheidung durchaus nicht gesagt, dass die erstere Form einen Vorzug habe vor letzterer. Vielmehr sind beide nur Arten, die einander völlig coordinirt sind.

Bisher haben wir also verschiedene Stufen und verschiedene Arten der Frömmigkeit kennen gelernt. Es giebt aber auch innerhalb derselben Stufe und Art noch verschiedene individuelle Gestaltungen (§. 10). Der Unterschied dieser beruht auf einem Doppelten, nämlich theils darauf, dass jede Religionsform einen bestimmten geschichtlichen Anfang und Ursprung hat, von welchem sich eben das Eigenthümliche, das sie hat, herschreibt; theils aber — und dies ist das wichtigere — darauf, dass alle Elemente, welche die verschiedenen Religionsformen derselben Stufe und Art gemeinsam haben, doch wieder in jeder derselben auf specifisch-verschiedene Weise mit einander verknüpft sind, indem nämlich „das an und für sich überall auf derselben Stufe gleiche Gottesbewusstsein an irgend einer Bestimmtheit des Selbstbewusstseins auf so vorzügliche Weise haftet, dass es sich mit allen andern Bestimmtheiten des Selbstbewusstseins nur vermittelst jener einigen kann, so dass dieser alle andern untergeordnet sind, und sie allen andern ihre Farbe und ihren Ton mittheilt."

Diejenige Bestimmtheit des Selbstbewusstseins, um welche sich innerhalb des Christenthums alle andern gruppiren, ist das Bewusstsein der Erlösung (§. 11). An und für sich ist nämlich das Gottesbewusstsein gebunden. Es ist niedergehalten durch das sinnliche Bewusstsein, so dass es nicht mit der wünschenswerthen Leichtigkeit hervortreten kann. Innerhalb des Christenthums aber ist dieser Zustand der Gebundenheit aufgehoben, und die dort nur ersehnte Leichtigkeit des Hervortretens frommer Gefühle erreicht. Freilich eignet dem frommen Gefühl nothwendig und immer jener Gegensatz von Lust und Unlust, so dass also auch ausserhalb des Christenthums die Momente der Lust keineswegs fehlen, wie andererseits auch innerhalb des Christenthums die Unlust nie völlig verschwindet. Aber doch unterscheiden sich die christliche und die ausserchristlichen Religionen auf die angegebene Weise. — Dasjenige aber, wodurch im Christenthume jene Kräftigkeit des Gottesbewusstseins zu Stande kommt, ist die Einwirkung der geschichtlichen Person Jesu. Indem wir nämlich das Bild Jesu, wie es in der Gemeinde fortlebt, das Bild Eines, dessen Gottesbewusstsein ein schlechthin kräftiges war, und der sich in jedem Momente des Lebens der Gegenwart seines himmlischen Vaters unmittelbar und mit absoluter Gewissheit bewusst war, indem wir dieses auf uns einwirken lassen, so wird dies den Erfolg haben, dass auch unser Gottesbewusstsein gekräftigt und aus dem Zustande der Gebundenheit befreit wird. Diese Kräftigung unseres Gottesbewusstseins erzeugt, wie jede Veränderung unseres Zustandes, ein dem entsprechendes Gefühl, welches wir das Gefühl der Erlösung nennen können. Was wir hier fühlen, ist zunächst nur dies, dass wir erlöst sind; dass unser Gottesbewusstsein aus seiner Gebundenheit befreit ist. Indem wir uns aber fragen, woher dieses Gefühl sei, und wer es in uns erzeugt habe, so entsteht dadurch das objective Bewusstsein der Erlösung durch Christum. Das unmittelbare Gefühl des Erlöstseins und das objective Bewusstsein der Erlösung durch Christum verhalten sich also ebenso zu einander, wie oben das unmittelbare Gefühl der schlechthinigen Abhängigkeit und das objective Bewusstsein von Gott. Nur jenes ist ein unmittelbares, dieses dagegen Product der Reflexion.

Wenn hiernach das Christenthum als die Religion der Erlösung bestimmt wird, in welcher also das Gottesbewusstsein eine Kräftigkeit und Stetigkeit erlangt hat, wie sonst in keiner andern, so wird ihm damit unläugbar der Vorzug vor allen übri-

gen zuerkannt. Es steht also nicht nur deshalb über dem Judenthum und Islam, weil es reiner monotheistisch ist, als diese beiden, sondern auch und vornehmlich deshalb, weil in ihm das
Gottesbewusstsein ein kräftigeres und stetigeres ist, als in jenen.
Allein mit diesem allem ist doch noch keineswegs gesagt, dass
das Christenthum die absolute Religion ist in dem Sinne, dass
es schlechthin und für alle Zeiten die einzige wahrhaft vollkom-
mene Religionsform wäre, welche bestimmt wäre, die ganze
Menschheit zu umfassen, und ausserhalb welcher es kein Heil
gäbe. Denn was mit dem Bisherigen nachgewiesen wurde, ist
doch nur dies, dass das Christenthum unter den empirisch-
gegebenen Religionsformen die reinste und vollkommenste
ist. Daneben bleibt aber immer noch die Möglichkeit offen,
dass z. B., wie das Christenthum eine teleologische Form des
Monotheismus ist, so auch einmal eine ästhetische Form des
Monotheismus entstünde, in welcher der Monotheismus ein ebenso
reiner, und das Gottesbewusstsein ein ebenso kräftiges und stcti-
ges wäre, wie dort im Christenthume. Es ist daher nicht ein-
zusehen, mit welchem Rechte Schleiermacher dem Christenthum
eine solche universelle Bestimmung zuschreibt, wie er dies
namentlich in seiner Lehre von der Erwählung thut. Dort
spricht er bekanntlich die Ueberzeugung aus, „dass jedes Volk
früher oder später werde christlich werden" (Dogmatik, §. 120,
Zusatz), und „dass jeder, der jetzt noch ausserhalb der christlichen Gemeinschaft ist, irgendwann (d. h. entweder noch hier
auf Erden, oder doch gewiss nach dem Tode, im Jenseits) von
den göttlichen Gnadenwirkungen ergriffen innerhalb derselben
sein werde" (§. 118, 1). Zu einer solchen Annahme hat Schleiermacher von seinen Prämissen aus durchaus kein Recht; vielmehr
ist dies nur einer von den — nicht gerade seltenen — Fällen, wo
ihm sein christliches Bewusstsein mehr abgefordert hat, als sein
wissenschaftliches hatte zugeben dürfen. —

Was nun — um schliesslich noch einige kritische Bemerkungen beizufügen — in Schleiermacher's Aufstellungen über das Wesen der Religion vor allem Bedenken erregen muss, ist dies, dass Schleiermacher das ganz bestimmungslose Absolute zum Urheber eines Gefühls macht. Ein Gefühl entsteht ja — ganz allgemein ausgedrückt — immer nur durch Einwirkung eines Nicht-Ich auf das Ich; und zwar kann das Nicht-Ich in dem Ich eine solche Wirkung hervorbringen vermöge seiner eigenen wesentlichen Bestimmtheiten. Nur vermöge dessen, was es ist, und nur weil es eben dies und das ist, kann es auf das Ich diese oder jene Wirkung ausüben. Wenn nun von theistischem Standpunkte aus die Frömmigkeit als Gefühl bestimmt würde, so wäre dies ganz in der Ordnung. Der Gott des Theismus hat ja in der That die Mittel, um auf das menschliche Subject eine Wirkung auszuüben. Das Schleiermacher'sche Absolute aber hat diese Mittel nicht. Es ist schlechthin bestimmungslos. Ein Gefühl, welches dieses Absolute zum Urheber hätte, wäre ein Gefühl von Nichts, d. h. keines. Ueberdies wird hier von Gott ein Wirken ausgesagt, während doch Schleiermacher stets betont, dass von Gott schlechterdings nichts, weder ein Sein, noch ein Wirken, dürfe ausgesagt werden. Dass Schleiermacher an letzterer Bestimmung festhalten, und doch das Absolute als Urheber eines Gefühls betrachten konnte, kommt daher, weil er aus dem Verhältniss der schlechthinigen Abhängigkeit, in welchem das Ich zum Absoluten steht, ohne weiteres auch ein Gefühl der schlechthinigen Abhängigkeit sich entwickeln lässt. Allein eben dies verstösst gegen den von ihm selbst in der Psychologie aufgestellten Begriff des Gefühls. Diesem zufolge entsteht ein Gefühl nur dadurch, dass das Nicht-Ich auf das Ich eine Wirkung ausübt, d. h. also nur dann, wenn das Verhältniss des Nicht-Ich zum Ich ein wirksames ist. Eben dies aber ist in unserem Falle — dem Begriff des Absoluten zufolge — nicht möglich.

Doch — zugegeben auch, dass das Absolute Urheber eines Gefühles sein könnte, so kann es doch unmöglich Urheber eines wechselnden Gefühles sein; eines Gefühles, welches bald den Charakter der Lust, bald den Charakter der Unlust an sich trägt. Denn so gewiss das Verhältniss des Absoluten zum menschlichen Ich ewig und unveränderlich dasselbe ist, so gewiss also das Ich in jedem Lebensmomente auf gleiche Weise bestimmt ist durch den transcendentalen Grund, so gewiss muss auch das Gefühl, welches aus diesem Verhältniss sich entwickelt, ewig und unveränderlich dasselbe sein. Denn da im Gefühl das Ich sich rein passiv verhält, so kann eine Verschiedenheit des Gefühls nur entstehen durch eine Verschiedenheit der Einwirkung. Wenn also eine solche nicht stattfindet, so kann auch das Gefühl nicht ein wechselndes, bald stärker, bald schwächer hervortretendes sein. Dass Schleiermacher trotzdem letzteres in Bezug auf das religiöse Gefühl behauptet, beweist nur, dass für ihn die Erfahrung, in welcher ja freilich ein solcher Wechsel unläugbar vorliegt, eine höhere Instanz ist, als seine eigenen philosophischen Voraussetzungen. —

Endlich — und dies hängt mit dem eben gesagten aufs Innigste zusammen — haben wir noch dies Bedenken, dass nach Schleiermacher die Frömmigkeit eine „geistige Naturnothwendigkeit" ist (Thilo, die Wissenschaftlichkeit etc. S. 73). Das Gefühl ist ja etwas, das schlechterdings nicht von dem Subjecte bewirkt wird, sondern nur in dem Subjecte zu Stande kommt (Dogm. §. 3, 3). Darnach ist also die Frömmigkeit nicht Sache des persönlichen Verhaltens, sondern lediglich und ausschliesslich ein Zustand, der in uns bewirkt wird; sie ist reine Passivität; „und eine Forderung fromm zu sein, hat ebensoviel Sinn, als die Forderung, alles in Raum und Zeit anzuschauen" (Thilo a. a. O.).

Doch — soviel man auch gegen Schleiermacher's Sätze mag einzuwenden haben — dies ist sicher, dass er „der erste ist, welcher das eigenthümliche Wesen der Religion gründlicher erforscht hat"[1]). Und mag auch die wissenschaftliche Form, in welcher er dem, was in ihm lebte, Ausdruck verlieh, noch so ungenügend sein, so bleibt doch immer noch seine historische Bedeutung bestehen. Denn diese geht nicht auf in dem, was er lehrte. Sie beruht zum mindesten ebenso sehr auf dem, was er war[2]).

---

[1]) Zeller, Vorträge und Abhandlungen geschichtlichen Inhalts S. 200.
[2]) vgl. Sigwart, Jahrbb. f. deutsche Theologie, II, 831.

www.ingramcontent.com/pod-product-compliance
Lightning Source LLC
Chambersburg PA
CBHW021537270326
41930CB00008B/1297